文韵书香
——中华优秀传统文化

主　编◎马丽华　陈　莹　王祥磊
副主编◎王宝芹　胡　苗　王艳丽
　　　　刘振云　赵国旗　魏国栋
参　编◎王爱民　王昌军　肖　宇
　　　　谢文娜　薛丽丽　王祥俊
　　　　杜兴芳　邢丽梅　张开红
　　　　杨现英
参　编◎葛兆广

北京理工大学出版社
BEIJING INSTITUTE OF TECHNOLOGY PRESS

内 容 提 要

本书充分挖掘运用中华优秀传统文化，增加学生人文沉淀，提高学生的文化素养。全书共分经典国学文化、传统节日文化、沂蒙红色文化、大国匠心文化、鲁南地域文化五大模块，每一模块共设五篇选文和一个综合实践活动，每篇选文共有阅读提示、正文、拓展活动三部分内容。本书由课内延伸到课外，由文本衔接到线上，拓展了学习时空，实现了学生人文素养和职业素养双向提升。本书选文上注重思想教育与职业教育相结合，兼具思想性、艺术性、地域性、实用性，注重文学阅读与活动实践相结合，致力于实现知行合一、学以致用、文化育人、实践育人的教育培养目标。

本书可适合学校作为传统文化基础教材使用。

版权专有　侵权必究

图书在版编目（CIP）数据

文韵书香：中华优秀传统文化 / 马丽华，陈莹，王祥磊主编 . -- 北京：北京理工大学出版社，2023.4（2024.8 重印）
ISBN 978 - 7 - 5763 - 2373 - 3

Ⅰ.①文… Ⅱ.①马…②陈…③王… Ⅲ.①中华文化 - 青少年读物 Ⅳ.① K203-49

中国国家版本馆 CIP 数据核字（2023）第 082202 号

责任编辑：李慧智　　文案编辑：李慧智
责任校对：周瑞红　　责任印制：边心超

出版发行 / 北京理工大学出版社有限责任公司
社　　址 / 北京市丰台区四合庄路 6 号
邮　　编 / 100070
电　　话 / （010）68914026（教材售后服务热线）
　　　　　（010）68944437（课件资源服务热线）
网　　址 / http://www.bitpress.com.cn

版 印 次 / 2024 年 8 月第 1 版第 2 次印刷
印　　刷 / 河北佳创奇点彩色印刷有限公司
开　　本 / 787 mm×1092 mm　1 / 16
印　　张 / 8.5
字　　数 / 114 千字
定　　价 / 33.00 元

图书出现印装质量问题，请拨打售后服务热线，负责调换

前言

　　职业教育是国民教育体系和人力资源开发的重要组成部分，肩负着培养多样化人才、传承技术技能、促进就业创业的重要职责。大力发展职业教育，推动人力资源的充分开发，是实现人才强国并推动中国新型工业化发展的重要途径。

　　为了更好地发展职业教育，培养更加全面的复合型人才，充分挖掘职业教育教材的潜力，我们根据《教育部关于进一步深化中等职业教育教学改革的若干意见》中"加强中等职业教育教材建设，保证教学资源基本质量"的要求，在深入学生进行广泛调查之后，组织了一批能力出众、业务精湛、知识渊博的教师，群策群力，精心编写了《文韵书香——中华优秀传统文化》一书。

　　五千年文化，三千年诗韵。优美的古典文化散发着脉脉书香："锲而不舍，金石可镂"，荀子教会我们要坚持不懈；"会当凌绝顶，一览众山小"，杜甫告诉我们要勇攀高峰；"归去，也无风雨也无晴"，苏轼提醒我们要乐观豁达……我们扎根本地的历史文化及民风民俗，遵循职业教育学生的身心特点和认知规律，从浩如烟海的典籍史册中，千挑万选出非常适合文化教育的 25 篇文章，编订成册。这些文章既有古代经典文化，又有本地民风民俗，同时兼顾沂蒙革命老区的红色辉煌，带着郯城历史与齐鲁文化的深深烙印。这本教材共分成五大模块："经典国学文化""传统节日文化""沂蒙红色文化""大国匠心文化"和"鲁南地域文化"。每个模块我们都设计了"综合实践活动",这样可以引导学生在学习本单元知识后,通过生动具体的课内课外实践活动,更加深刻地掌握所学内容。

鲁南平原,土地肥沃,物华天宝,人杰地灵。马陵山风景秀丽,白马河曲水流觞,五大调婉转悠扬,银杏叶璀璨金黄。我们紧紧抓住古郯文化和齐鲁文化的精髓,在"经典国学文化"模块,我们选择了两篇散文、三篇诗歌,孔子的《论语》对话精彩,荀子的《劝学》循循善诱,都能给学生很大的启迪。"传统节日文化"模块,我们重点放在中华民族最重视的春节、清明节、端午节、中秋节、重阳节这五个节日,利用中国传统节日对学生进行中国民风民俗的教育,从而进一步激发学生热爱祖国、热爱家乡的情感。"沂蒙红色文化"模块,我们紧紧围绕沂蒙老区的光辉历史,以闻名全国的"沂蒙六姐妹"和响彻大江南北的"沂蒙山小调"为中心,再用莒南县老百姓痛击日军的"渊子崖保卫战"和解放战争中的"解放临沂城"作为补充,让学生更加清晰地了解红色沂蒙的光荣历史,更加深刻地感受到今天幸福生活的来之不易。"大国匠心文化"模块,我们认真研究,抓住职业中学学生的特点,古今材料巧妙结合,从培养成为大国工匠的信念开始,在学生内心深处埋下一粒职教学子也可以成为新时代明星的种子,激励他们刻苦学习,奋发图强。《鲁南地域文化》模块,我们把目光从郯国古城投射到神奇的鲁南大地:临沂、济宁、菏泽、日照,从而把属于鲁南地域的风土人情,展现到学生的眼前,让他们看到这片土地的诗意和美景。

我们期待本书能开阔学生的视野、丰富学生的生活,更能提高学生的语文素养和综合素质,帮助学生更加了解自己的家乡,热爱自己的家乡。在编写此书的过程中,许多领导和同事都给了我们极大的支持与帮助,在此我们表示最衷心的感谢!

由于编者水平有限,本书难免存在疏漏和不足之处,希望大家批评指正。

编 者

目录
Contents

模块一　经典国学文化 ··· 001
    1．《诗经》二首 ·· 003
    2．子路、曾皙、冉有、公西华侍坐 ···································· 008
    3．劝学 ·· 012
    4．迢迢牵牛星 ·· 016
    5．十五从军征 ·· 019
    综合实践活动——锦上添花巧命名 ···································· 022

模块二　传统节日文化 ··· 027
    6．北京的春节 ·· 029
    7．清明 ·· 035
    8．端午日 ·· 039
    9．阳关曲·中秋月 ··· 042
    10．九月九日忆山东兄弟 ·· 045
    综合实践活动——今夜，我与屈原对话 ··························· 047

模块三　沂蒙红色文化 ··· 051
    11．沂蒙六姐妹 ·· 053

12. 沂蒙山小调 ··· 056

13. 中华抗日第一村——渊子崖 ················· 060

14. 解放临沂城 ······································· 064

15. 传承弘扬沂蒙红色精神绘就老区发展新画卷 ····· 067

综合实践活动——红色故事我来讲 ············ 071

模块四　大国匠心文化 ································· 075

16. 敬业与乐业 ······································· 077

17. 纪昌学射 ·· 083

18. 庖丁解牛 ·· 086

19. 许振超：新时代的中国工人 ··················· 090

20. "大国工匠"彭祥华 ····························· 097

综合实践活动——培养工匠精神　争做工匠型人才 ··· 102

模块五　鲁南地域文化 ································· 105

21. 郯子故事两则 ···································· 107

22. 临沂赋 ··· 111

23. 济宁，大河文化孕育的生命 ··················· 115

24. 菏泽美 ··· 118

25. 日照 ·· 122

综合实践活动——孝行华夏　美德郯城 ········ 126

模块一
经典国学文化

学习国学可以修身、齐家、治国、平天下。章太炎在《国学讲习会序》中说："夫国学者，国家所以成立之源泉也。"国学不仅源远流长、积淀深厚、博大精深，而且是中华民族承前启后、生生不息、团结奋进的不竭动力。我们熟读国学，不只是为了熟知和传承，更是为了能从中汲取营养和智慧。

教学内容按文学史的演进选取了多篇不同时代、不同风格的国学佳作，篇篇都适合诵读。《〈诗经〉二首》是抒情诗，诵读时要读出其节奏感和旋律美，感受诗歌质朴纯真之情和回环复沓之美。《子路、曾皙、冉有、公西华侍坐》是语录体散文，诵读时要运用语气、语调读出不同人物的语言特点，表现出人物的性格和志趣。《劝学》长于说理，论点鲜明，富于文采，诵读宜富有节奏感，读出铿锵之气，显示出强大的说理力量。《迢迢牵牛星》选自昭明太子萧统收集编入《昭明文选》的《古诗十九首》，用词言简意赅，体现了一种含蓄、简练的风格。《十五从军行》选自汉乐府民歌，描写了在战乱频繁的背景下，一个老兵返乡途中与到家之后的悲惨情景，反映了劳动人民在当时黑暗的兵役制度下的不平和痛苦。

活动实践内容为"锦上添花巧命名"，通过此项校园文化建设，构建内隐式、浸润式文化育人环境。

阅读经典国学文化，厚植文化根基，浸润我们的心灵，感受它春风化雨般的熏陶。

1

《诗经》二首

【阅读提示】

《诗经》是我国第一部诗歌总集，原名《诗》，或称"诗三百"，共有305篇。全书主要收集了西周初年至春秋中叶500多年间的作品。《诗经》按内容分为风、雅、颂三类，按表现手法分为赋、比、兴三种。《诗经》内容丰富，对当时社会的劳动与爱情、战争与徭役、压迫与反抗、风俗与婚姻等都有反映。本文的两篇诗歌，分别是表现爱情的《静女》和展现戍边生活的《采薇》。

《静女》是一首爱情诗歌。在诗人心里，自己喜爱的女子既温柔娴静又美丽无比。他早早地赶到了约会地点，却看不到心上人。等待中的诗人急得抓耳挠腮，不住徘徊。他抚弄着女子送的"彤管"，它那么好看，叫人爱不释手；还有她送的一束荑草，也分外美丽！诗歌的语言虽然平淡，但有韵味。诵读时，宜用自然的停顿，读出诗歌优美和谐的韵律，并于重章叠唱中体会情节发展的节奏，感受主人公纯真而热烈的感情。

《采薇》是一首表现戍边生活的著名诗篇。士兵在归家途中追忆戍边之苦，带着守土与思归、爱国与念家的矛盾心情，唱出了这首发自内心哀痛的歌。诗歌的前三章，以采薇起兴，以重章叠句的形式反复诵歌，诵读时，用停顿读出其鲜明的节奏、回旋跌宕的旋律，体味诗人在一唱三叹中表达的情感。

静女

静女⁽¹⁾其姝⁽²⁾，俟⁽³⁾我于城隅⁽⁴⁾。爱⁽⁵⁾而不见，搔首踟蹰⁽⁶⁾。

静女其娈⁽⁷⁾，贻⁽⁸⁾我彤管。彤管有炜⁽⁹⁾，说怿女美⁽¹⁰⁾。

自牧归荑⁽¹¹⁾，洵美且异⁽¹²⁾。匪女之为美，美人之贻。

（选自《诗经·邶风》）

【词句注释】

(1) 静女：贞静娴雅之女。

(2) 姝（shū）：美好。

(3) 俟：等待。

(4) 城隅：城角隐蔽处。一说城上角楼。

(5) 爱：通"薆"，隐蔽，躲藏。

(6) 踟（chí）蹰（chú）：徘徊不定。

(7) 娈（luán）：面目姣好。

(8) 贻（yí）：赠给，赠送。

(9) 炜（wěi）：盛明貌。

(10) 说（yuè）怿（yì）女美：喜欢你的美丽。说怿，喜欢。女（rǔ），通"汝"。

(11) 自牧归荑（tí）：从郊外采来茅荑相赠送。归，通"馈"，赠。荑，白茅，茅之始生也。

(12) 洵美且异：确实又美丽又出奇。洵，诚然，实在。

采薇

采薇采薇(1)，薇亦作止(2)。曰归曰归，岁亦莫止(3)。靡室靡家(4)，猃狁之故(5)。不遑启居(6)，猃狁之故。

采薇采薇，薇亦柔(7)止。曰归曰归，心亦忧止。忧心烈烈(8)，载饥载渴(9)。我戍未定，靡使归聘(10)。

采薇采薇，薇亦刚(11)止。曰归曰归，岁亦阳(12)止。王事靡盬(13)，不遑启处(14)。忧心孔疚(15)，我行不来(16)！

彼尔维何？维常(17)之华。彼路斯何(18)？君子(19)之车。戎(20)车既驾，四牡业业(21)。岂敢定居(22)？一月三捷(23)。

驾彼四牡，四牡骙骙(24)。君子所依，小人所腓(25)。四牡翼翼(26)，象弭鱼服(27)。岂不日戒(28)？猃狁孔棘(29)！

昔我往矣⁽³⁰⁾,杨柳依依⁽³¹⁾。今我来思⁽³²⁾,雨雪霏霏⁽³³⁾。行道迟迟⁽³⁴⁾,载渴载饥。我心伤悲,莫知我哀!

(选自《诗经·小雅》)

【词句注释】

(1) 薇:豆科野豌豆属的一种,种子、茎、叶均可食用。

(2) 作:指薇菜冒出地面。止:句末助词,无实义。

(3) 曰归曰归,岁亦莫止:说是要回家,说是要回家,已经到了年终(仍未实现)。莫(mù):通"暮",此指年末。

(4) 靡(mǐ)室靡家:没有正常的家庭生活。靡,无。

(5) 猃(xiǎn)狁(yǔn):中国古代少数民族名。

(6) 不遑(huáng)启居:没有时间安居休息。遑,闲暇。启,跪,跪坐。居,安坐、安居。古人席地而坐,两膝着席,危坐时腰部伸直,臀部与足离开;安坐时臀部贴在足跟上。

(7) 柔:柔嫩。指刚长出来的薇菜柔嫩的样子。

(8) 烈烈:炽烈,形容忧心如焚。

(9) 载(zài)饥载渴:则饥则渴,又饥又渴。载,又。

(10) 聘(pìn):问候的音信。

(11) 刚:坚硬。

(12) 阳:农历十月,小阳春季节。今犹言"十月小阳春"。

(13) 盬(gǔ):止息,了结。

(14) 启处:休整,休息。

(15) 孔:甚,很。疚:病,苦痛。

(16) 我行不来:我不能回家。

(17) 常:常棣(棠棣),植物名。

(18) 路:高大的战车。斯何,犹言维何。斯,语气助词,无实义。

(19) 君子:指将帅。

(20) 戎：车，兵车。

(21) 牡：雄马。业业：高大的样子。

(22) 定居：犹言安居。

(23) 捷：胜利。谓接战、交战。一说，捷，邪出，指改道行军。此句意谓，一月多次行军。

(24) 骙（kuí）：雄强，威武。这里的骙骙是指马强壮的意思。

(25) 小人：指士兵。腓（féi）：庇护，掩护。

(26) 翼翼：整齐的样子。谓马训练有素。

(27) 象弭（mǐ）：以象牙装饰弓端的弭。弭，弓的一种，其两端饰以骨角。一说弓两头的弯曲处。鱼服：鲨鱼皮制的箭袋。

(28) 日戒：日日警惕戒备。

(29) 孔棘（jí）：很紧急。棘，急。

(30) 昔：从前，文中指出征时。往：当初从军。

(31) 依依：形容柳丝轻柔、随风摇曳的样子。

(32) 思：用在句末，没有实在意义。

(33) 雨（yù）雪：下雨。雨，这里做动词。霏（fēi）霏：雪花纷落的样子。

(34) 迟迟：迟缓的样子。

一、读一读

《诗经》中多是四言诗，四诗每句一般读成"二、二"节拍，例如："采薇 / 采薇，薇亦 / 作止。"通读下列诗句，根据语感，用"/"线画出下面四字句的节拍，反复诵读，在诵读中加深理解。

1．昔我往矣，杨柳依依。今我来思，雨雪霏霏。
2．戎车既驾，四牡业业。岂敢定居，一月三捷。
3．静女其姝，俟我于城隅。爱而不见，搔首踟蹰。
4．自牧归荑，洵美且异。匪女之为美，美人之贻。

二、想一想

"昔我往矣，杨柳依依。今我来思，雨雪霏霏。"这是《采薇》中情景交融的诗句。读罢全诗，请你结合这些诗句展开联想，描绘出这一幅画面。

2

子路、曾皙、冉有、公西华侍坐

【阅读提示】

本文是《论语》中具有浓厚文学色彩的一章，以言志为线索，传神地刻画了一组鲜明的人物形象。粗豪刚直、好勇自负的子路，谦虚敦厚、谨小慎微的冉有，沉稳谦逊、善于辞令的公西华，从容不迫、放达洒脱的曾皙，都表现得淋漓尽致，给人以深刻的印象，符合众弟子的性格。文中还栩栩如生地描写了循循善诱、和蔼可亲的孔子——这位杰出教育家的形象。

阅读本文时，要仔细揣摩文章简洁凝练的语言特点，品味文中刻画人物的细腻笔法，深入理解不同人物的性格、志趣，并注意掌握常见文言词语的意义和用法。

子路、曾皙、冉有、公西华侍坐[1]。子曰："以吾一日长乎尔，毋吾以也[2]。居则曰[3]：'不吾知也。'如或知尔，则何以[4]哉？"

子路率尔[5]而对曰："千乘之国[6]，摄乎大国之间[7]，加之以师旅[8]，因之以饥馑[9]；由也为之[10]，比及[11]三年，可使有勇，且知方也。"

夫子哂[12]之。

"求！尔何如？"

对曰："方六七十，如[13]五六十，求也为之，比及三年，可使足[14]民。如其礼乐，以俟[15]君子。"

"赤！尔何如？"

对曰："非曰能[16]之，愿学焉[17]。宗庙之事，如会同[18]，端[19]章甫[20]，愿为小相[21]焉。"

"点！尔何如？"

鼓⁽²²⁾瑟希⁽²³⁾，铿尔，舍⁽²⁴⁾瑟而作⁽²⁵⁾，对曰："异乎三子者之撰⁽²⁶⁾。"

子曰："何伤乎？亦各言其志也。"

曰："莫春⁽²⁷⁾者，春服既成，冠⁽²⁸⁾者五六人，童子六七人，浴乎沂，风乎舞雩，咏而归。"

夫子喟然⁽²⁹⁾叹曰："吾与⁽³⁰⁾点也！"

三子者出，曾皙后。曾皙曰："夫三子者之言何如？"

子曰："亦各言其志也已矣。"

曰："夫子何哂由也？"

曰："为国以礼，其言不让⁽³¹⁾，是故哂之。"

"唯求则非邦也与⁽³²⁾？"

"安见方六七十，如五六十而非邦也者？"

"唯赤则非邦也与？"

"宗庙会同，非诸侯而何？赤也为之小，孰能为之大？"

（选自《论语·先进》）

【词句注释】

(1) 侍坐：侍奉老师而坐。侍，侍奉，本指侍立于尊者之旁。

(2) 以吾一日长乎尔：因为我年纪比你们大一点。以，因为。长，年长。毋吾以也：不要凭这个原因就不敢讲话了。吾，作"以"的宾语，在否定句中代词宾语前置；以，同"已"，是"止"的意思。

(3) 居则曰：（你们）平日说。居，平日，平时。

(4) 何以：用什么（去实现自己的抱负）。以，动词，用。

(5) 率尔：急遽而不加考虑的样子。尔，相当于"然"。

(6) 千乘之国：有一千辆兵车的诸侯国。

(7) 摄乎大国之间：夹在（几个）大国之间。摄，逼近。乎，于，在。

(8) 加之以师旅：有（别国）军队来侵略它。加，加在上面。师旅，军队，此特指侵略的军队。

(9) 因之以饥馑：接连下来（国内）又有饥荒。因，接续。饥馑，饥荒。

(10) 为之：治理这个国家。为，治。

(11) 比及：等到。

(12) 哂（shěn）：微笑，这里略带讥讽。

(13) 如：连词，表选择，或者。

(14) 足：使……富足。

(15) 俟：等待。

(16) 能：动词，能做到，胜任。

(17) 焉：这里做指示代词兼语气词，指代下文"小相"这种工作。

(18) 会同：诸侯会盟，朝见天子。

(19) 端：古代的一种礼服。

(20) 章甫：古代的一种礼帽。这里都是名词用作动词，意思是"穿着礼服，戴着礼帽"。

(21) 小相：在祭祀、会盟或朝见天子时做赞礼和司仪的人。

(22) 鼓：弹。

(23) 希：通"稀"，稀疏，这里指鼓瑟的声音已接近尾声。

(24) 舍：放下。

(25) 作：立起来，站起身。

(26) 撰：才具，才能。

(27) 莫春：指农历三月。莫，通"暮"。既：副词，已经。

(28) 冠：古时男子二十岁为成年，束发加冠。

(29) 喟然：叹息的样子。

(30) 与：赞成。

(31) 为国以礼，其言不让：要用礼来治理国家，可他说话却不知道谦虚。以，介词，靠，用。让，礼让，谦逊。

(32) 唯求则非邦也与：难道冉有讲的不是国家大事吗？唯，难道。邦，国家，这是指国家大事。与，通"欤"，疑问语气词。

拓展活动

一、说一说

本文中的人物语言各有特色，使人物形象鲜明，性格突出。说出下面句子的含义，并说明各句分别体现了人物什么性格。

1．千乘之国，摄乎大国之间，加之以师旅，因之以饥馑，由也为之，比及三年，可使有勇，且知方也。

2．方六七十，如五六十，求也为之，比及三年，可使足民。如其礼乐，以俟君子。

3．非曰能之，愿学焉。宗庙之事，如会同，端章甫，愿为小相焉。

4．莫春者，春服既成，冠者五六人，童子六七人，浴乎沂，风乎舞雩，咏而归。

二、演一演

朗读古诗文时，有时需要展开想象加深体验，例如朗读人物语言时，不妨体会文字内涵，在头脑中想象人物说话时的语调、情态和节奏。同时以小组为单位，生动形象地表演一下，更好地把握本文的人物性格。

3 劝学

【阅读提示】

　　这是一篇论述学习问题的议论文,文中阐述的道理,今天仍然具有很强的现实意义。这不但是《劝学》篇的第一篇,也是《荀子》一书的第一篇。课文开篇提出中心论点"学不可以已",然后从不同角度展开论述。作者认为学习能够改变自己,提高自己,具有弥补不足的作用;在学习方法上,作者指出要注重知识的积累;在学习态度上,作者强调恒心和专心,指出锲而不舍和专心致志是学习取得成效的重要保证。

　　文章条理清楚,逻辑严密,语言流畅,把深奥的道理寓于大量浅显贴切的比喻之中,论述深入浅出。阅读时要注意思考作者所阐述的学习方法和态度对我们今天的学习有哪些启示。

　　君子[1]曰:学不可以已[2]。青,取之于蓝[3],而青于蓝;冰,水为之,而寒于水。木直中绳[4],輮[5]以为轮,其曲中规[6]。虽有槁暴[7],不复挺[8]者,輮使之然也。故木受绳[9]则直,金就砺[10]则利,君子博学而日参省乎己[11],则知明而行无过矣[12]。

　　吾尝终日而思矣,不如须臾[13]之所学也;吾尝跂[14]而望矣,不如登高之博见[15]也。登高而招,臂非加长也,而见者远;顺风而呼,声非加疾[16]也,而闻者彰[17]。假舆[18]马者,非利足[19]也,而致千里;假舟楫者,非能水[20]也,而绝[21]江河。君子生非异[22]也,善假于物也。

　　积土成山,风雨兴焉;积水成渊,蛟龙生焉;积善成德,而神明自得,圣心备焉。故不积跬步[23],无以至千里;不积小流,无以成江海。骐骥[24]一跃,不能十步;驽马十驾[25],功在不舍[26]。锲[27]而舍之,朽木不折;锲而不舍，金石可镂⁽²⁸⁾。蚓无爪牙之利，筋骨之强，上食埃土，下饮黄泉，用心一也。蟹六跪而二螯⁽²⁹⁾，非蛇鳝⁽³⁰⁾之穴无可寄托者，用心躁也。

（节选自《荀子简注》，上海人民出版社 1974 年版）

【词句注释】

(1) 君子：指有学问有修养的人。

(2) 学不可以已（yǐ）：学习不能停止。

(3) 青，取之于蓝：靛青，从蓝草中取得。青，靛青，一种染料。蓝，蓼蓝，一年生草本植物，叶子含蓝汁，可以做蓝色染料。

(4) 中（zhòng）绳：（木材）合乎拉直的墨线。绳，墨线。

(5) 輮（róu）：通"煣"，古代用火烤使木条弯曲的一种工艺。

(6) 规：圆规，画圆的工具。

(7) 虽有（yòu）槁暴（pù）：即使又晒干了。有，通"又"。槁，枯。暴，通"曝"，晒干。

(8) 挺：直。

(9) 受绳：用墨线量过。

(10) 金：指金属制的刀剑等。就砺：拿到磨刀石上去磨。就，动词，接近，靠近；砺，磨刀石。

(11) 博学：广泛地学习。日参（sān）省（xǐng）乎己：每天多次反省自己。日，每天。参，通"三"，指多次。省，省察。乎，介词，于。

(12) 知（zhì）：通"智"，智慧。明：明达。行无过：行为没有过错。

(13) 须臾（yú）：片刻，一会儿。

(14) 跂（qǐ）：踮起脚后跟。

(15) 博见：看见的范围广，见得广。

(16) 疾：声音宏大。

(17) 彰：明显，清楚。这里指听得更清楚。

(18) 假：凭借，利用。舆：车厢，这里指车。

(19) 利足：脚走得快。

(20) 水：游泳。

(21) 绝：横渡。

(22) 生（xìng）非异：本性（同一般人）没有差别。生，通"性"，天赋，资质。

(23) 跬（kuǐ）：行走时两脚之间的距离，等于现在所说的一步、古人所说的半步。步：古人说一步，指左右脚都向前迈一次的距离，等于现在的两步。

(24) 骐（qí）骥（jì）：骏马，千里马。

(25) 驽马十驾：劣马拉车连走十天也能到达。驽马，劣马。驾，古代马拉车时，早晨套上车，晚上卸去。套车叫驾，所以这里用"驾"指代马车一天的行程。十驾就是套十次车，指十天的行程。此指千里的路程。

(26) 舍：舍弃。指不放弃行路。

(27) 锲（qiè）：用刀雕刻。

(28) 镂（lòu）：原指在金属上雕刻，泛指雕刻。

(29) 蟹六跪而二螯（áo）：螃蟹有六只爪子，两个钳子。六跪，六条腿。跪，蟹脚。螯，螃蟹等节肢动物身前的大爪，形如钳。

(30) 蛇鳝：一作"蛇蟺"。

拓展活动

一、说一说

荀子的《劝学》历来是传诵的名篇，警句迭出，比喻具体形象、精练有味；句式整齐变化，节奏铿锵起伏，表现出荀子谆谆劝学的激情。请同学们激情朗诵并背诵全篇。

二、演一演

当今是"知识改变命运，学习成就人生"的社会，人们比以往任何时候都更加重视学习。请同学们仔细品味荀子在《劝学》中的劝勉，就应该守成还是应该创新表达一下自己的看法。以小组为单位，举行一场辩论会吧！

4

迢迢牵牛星

【阅读提示】

《迢迢牵牛星》是产生于汉代的一首文人五言诗，此诗借神话传说中牛郎、织女被银河阻隔而不得会面的悲剧，抒发了女子离别相思之情，写出了人间夫妻不得团聚的悲哀。字里行间，蕴藏着一定的不满和反抗意识。

诗人抓住银河、机杼这些和牛郎织女神话相关的物象，借写织女有情思亲、无心织布、隔河落泪、对水兴叹的心态，来比喻人间的离妇对辞亲远游的丈夫的相思之情。全诗用语婉丽，境界奇特，是相思怀远诗中的新格高调。读诗时注意体会诗人丰富的想象、缠绵的感情。

迢迢牵牛星(1)，皎皎河汉女(2)。
纤纤擢素手(3)，札札弄机杼(4)。
终日不成章(5)，泣涕零如雨(6)。
河汉清且浅(7)，相去复几许(8)？
盈盈一水间(9)，脉脉不得语(10)。

（选自《古诗十九首》）

【词句注释】

(1) 迢（tiáo）迢：遥远的样子。牵牛星：河鼓三星之一，隔银河和织女星相对，俗称"牛郎星"，是天鹰星座的主星，在银河东。

(2) 皎皎：明亮的样子。河汉女：指织女星，是天琴星座的主星，在银河西，与牵牛星隔河相对。河汉，即银河。

(3) 纤纤：纤细柔长的样子。擢（zhuó）：引，抽，接近伸出的意思。素：洁白。

(4) 札（zhá）札：象声词，机织声。弄：摆弄。杼（zhù）：织布机上的梭子。

(5) 章：指布帛上的经纬纹理，这里指整幅的布帛。此句是用《诗经·小雅·大东》语意，说织女终日也织不成布。《诗经》原意是织女徒有虚名，不会织布。而这里则是说织女因相思，而无心织布。

(6) 涕：眼泪。零如雨：像雨水一样往下流落。零，落下。

(7) 清且浅：清又浅。

(8) 相去：相离，相隔。去，离。复几许：又能有多远。

(9) 盈盈：水清澈、晶莹的样子。一说形容织女，《文选》六臣注："盈盈，端丽貌。"一水：指银河。间（jiàn）：间隔。

(10) 脉（mò）脉：含情相视的样子。一作"默默"，默默地用眼神或行动表达情意。不得语：无法用语言交谈。

一、读一读

诵读时应注意语气语调和节奏的变化，恰当的语调和节奏有利于理解文本的内容，领会作者写作时的思绪。试用"/"标示出古诗的停顿和重读。

二、赛一赛

中国古代流传下来很多民俗节日，也流传下来数不清的神话传说，请以小组为单位，搜集并交流这些古诗，以班级为单位举办一期"读民俗，写民俗"的古诗创作大赛吧。

5

十五从军征

【阅读提示】

《十五从军征》是汉乐府民歌中的一首叙事诗,汉朝时,北部边界时常受到匈奴的威胁,战乱频繁。统治阶级大量征兵,兵役沉重,有些人一生几乎都陷入服兵役的痛苦生活中。本诗就以此为背景,描绘了一个十五岁从军,到八十岁才退伍归来的老兵返乡途中与到家之后看到的悲惨情景,揭露了封建社会中不合理的兵役制度对于人性的损害,反映了劳动人民在当时黑暗的兵役制度下的不平和痛苦。作品真实深刻,催人泣下。

十五从军征⁽¹⁾,八十始得归⁽²⁾。
道逢⁽³⁾乡里人:"家中有阿谁⁽⁴⁾?"
"遥看是君家⁽⁵⁾,松柏冢累累⁽⁶⁾。"
兔从狗窦⁽⁷⁾入,雉⁽⁸⁾从梁上飞。
中庭生旅谷⁽⁹⁾,井上生旅葵⁽¹⁰⁾。
舂⁽¹¹⁾谷持作饭,采葵持作羹⁽¹²⁾。
羹饭一时⁽¹³⁾熟,不知贻⁽¹⁴⁾阿谁。
出门东向看⁽¹⁵⁾,泪落沾⁽¹⁶⁾我衣。

(选自《乐府诗集》)

【词句注释】

(1) 征:一本作"行"。

(2) 始:才。归:回家。

(3) 道逢:在路上遇到。道,路途上。

(4) 阿（ā）谁：古人口语，意即"谁"。阿，发语词。

(5) 遥看：远远地望去。君：你，表示尊敬的称呼。

(6) 松柏（bǎi）：松树、柏树。冢（zhǒng）累累：坟墓一个连着一个。冢，坟墓、高坟。累累，与"垒垒"通，连续不断的样子。

(7) 狗窦（dòu）：给狗出入的墙洞。窦，洞穴。

(8) 雉（zhì）：野鸡。

(9) 中庭：屋前的院子。旅：旅生，植物未经播种而野生。

(10) 葵：葵菜，嫩叶可以吃。

(11) 舂（chōng）：把东西放在石臼或乳钵里捣掉谷子的皮壳或捣碎。

(12) 羹（gēng）：用菜叶做成的带浓汁的食物。

(13) 一时：一会儿就。

(14) 贻（yí）：送，赠送。一本作"饴"。

(15) 看：一本作"望"。

(16) 沾：渗入。

一、拓一拓

1．乐府：乐府是自秦代以来设立的配置乐曲、训练乐工和采集民歌的专门官署。

2．汉乐府：汉乐府指由汉时乐府机关所采制的诗歌。这些诗，原本在汉族民间流传，经由乐府保存下来，汉人叫作"歌诗"，魏晋时始称"乐府"或"汉乐府"。后世文人仿此形式所作的诗，亦称"乐府诗"。汉乐府是继《诗经》之后，古代民歌的又一次大汇集，汉乐府民歌中女性题材作品占重要位置，它用通俗的语言构造贴近生活的作品，由杂言渐趋向五言，采用叙事写法，刻画人物细致入微，创造人物性格鲜明，故事情节较为完整，是中国诗史中五言诗体发展的一个重要阶段。

3．《乐府诗集》：是宋代郭茂倩所编。《乐府诗集》现存汉乐府民歌40余篇，多为东汉时期作品，广泛而深刻地反映了当时底层人民日常生活的艰难与痛苦，具有浓厚的生活气息，表现了激烈而直露的感情，形式朴素自然，长于叙事铺陈，为中国古代叙事诗的发展奠定了基础。

二、演一演

老兵回到家乡，他听到了什么，看到了什么，又做了什么？请同学们查阅资料，结合时代背景，充分发挥想象，写一幕舞台剧，并进行表演。

综合实践活动
——锦上添花巧命名

【活动目的与任务】

体会蕴藏在地名、路名里的文化内涵，了解命名的方法与原则，并学会用所学到的语文知识对身边的景物命名。

引导学生了解地名、路名承载的文化意义，激发学生对命名的研究兴趣，指导学生给身边景物命名。

【活动导入】

一个地方的地名和路名，能够体现出当地的文化内涵、风俗习惯和地域特色。有时候可能就是一个充满了诗情画意的地名、路名，便会让你浮想联翩，心向往之。校园道路、楼宇等是校园的重要组成部分，对其进行文化元素命名，规范道路和建筑物的称谓，既可增强校园文化氛围，优化育人环境，提高学校的文化品位，又可为广大师生的工作、学习和生活提供便利。

今天，就让我们尝试着给我们的新校景物命名，让环境提升品位，将我们的生活点缀得更加丰富多彩。

【相关链接】

一、道路名举例

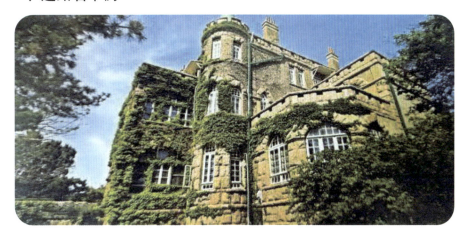

用古代著名关隘命名八条街道的青岛八大关景区，它的路名已与美景水乳交融：韶关路碧桃连翘吐翠，宁武关路海棠缤纷，正阳关路紫薇夹道，紫荆关路雪松成列；再如济南的舜耕路得名于"舜耕于历山"的传说，很自然地让人追想到四千年前舜在历山教民耕种的场景，为济南这座城市增加了历史文化内涵。

二、教学楼名举例

1. 厚德楼

【释义】"厚德楼"得名出自《周易》中的经典名句："天行健，君子以自强不息、地势坤，君子以厚德载物。"意谓：天（即自然）的运动刚强劲健，相应于此，君子应刚毅坚卓，愤发图强；大地的气势厚实和顺，君子应增厚美德，容载万物。

教学楼冠以"厚德"之名显得大气、恢弘且富有底蕴。

2. 敏行楼

【释义】"敏行楼"得名出自孔子《论语》经典名句："君子欲敏于行而讷于言。"朱熹注曰："事难行，故要敏；言易出，故要慎。"意即，凡有大作为之人做事都勤奋敏捷，勇于实践，说话却小心谨慎，少说废话、空话、大话、假话。

教学楼冠以"敏行"之名富有哲理，劝学意义浓。

3. 崇文楼

【释义】崇：意即"崇尚""崇敬"。文：意即"文教""文化"。崇文即推崇文教。

教学楼冠以"崇文"之名，显示了对于文化教育的高度重视，富有文化底蕴。

【命名原则】

校园设施的命名应体现人文性、规范性、系统性和适用性，命名应源于办学理念和崇学之道，观照地域自然风光特点，体现地方文化特色，蕴含中国传统文化元素，突出办学传统和办学特色，构建健康向上的校园文化。

【活动实施】

（1）临沂市电子科技学校秉持"朴厚为人，自强立世"的校训，坚持"精细管理、因材施教、和谐相处、多元发展，让每一个学生成人成才"的教育理念，践行"乐观、自信、宁静、坚强，科学、严谨、深刻、系统"的专业精神；倡导"四个学会，两个坚守"即"学会尊重、学会宽容、学会关爱、学会感恩，坚守平凡、坚守诚信"，培养学生诚信、担当、敬业、合作、乐观、感恩的优秀品德。

校训及释文：

质朴自然，与人为善，厚道端方。重感情，有操守，无矫饰，无偏执。襟怀坦荡，大器从容。志存高远，勤勉好学，益世益人。尚热诚，能担当，不懈怠，不放弃。脚踏实地，图强有为。自立自谋，品行无亏，格物致知，进德修业。念兹行兹，终生不辍。

请根据临沂市电子科技学校的校训和释文，开动脑筋，合理地利用学校的历史、文化、专业等资源，分别给学校景观、教学楼、道路、宿舍等起一个既好听又有文化渊源或寓意深远的名字,并用简洁的文字说明寓意。

(2)观察身边的地名、路名、景点名,以及其他学校的楼名、路名等,记录下来,并分析其命名的规律和特点,开阔视野,增长知识,浸润心灵。

模块二
传统节日文化

传统节日文化是传承优秀历史文化的重要载体，使人们在节日中增长知识，受到教益，又有助于彰显文化、弘扬美德、陶冶情操。季羡林先生说："传统文化代表文化的民族性，现代化代表文化的时代性。"传统节日的学习不应该局限于课本知识的简单传授，更应该立足真实践与新时代，真正从传统节日文化中凝萃精华、汲取力量。

教学内容选取了与传统文化节日有关且具有代表性和重要意义的五篇文章。《北京的春节》描绘了一幅幅老北京春节的民风民俗画卷，表现了北京春节的隆重与热闹，展现了中国节日习俗的温馨美好。《清明》回忆了儿时参加清明祭扫的情景，表达了作者怀念儿时欢乐童年和家乡淳朴民俗民风的情感。《端午日》展示了茶峒人同庆端午的淳朴民风，表现出奋发向上、合作争先的民族精神。《阳关曲·中秋作》记述了作者苏轼与其胞弟苏辙久别重逢、共赏中秋月的赏心乐事，也抒发了团聚后不久又要分手的哀伤与感慨。《九月九日忆山东兄弟》是王维的"真意所发"，全诗诗意曲折有致、含蓄深沉。

活动实践内容为"今夜，我与屈原对话"，探索传统文化节日，通过与历史人物屈原穿越时空的交流对话，体会屈原的伟大精神和宽广情怀。

深入传统节日文化的学习，弘扬传统文化精神，引导学生以表达交流的方式融入课堂，以课堂情景剧等活动传承节日文化，加深民族文化认同。

6

北京的春节

【阅读提示】

春节,是我国民间最隆重、最热闹的一个古老传统节日,不同的地区、民族过春节,都有自己独特的风俗。著名语言大师老舍,用他特有的京味儿语言风,描绘了一幅幅北京春节的民风民俗画卷,让我们感受到北京过春节的隆重和热闹,也让我们领悟到了民俗文化的丰富内涵。

按照北京的老规矩,过农历的新年(春节),差不多在腊月的初旬就开头了。"腊七腊八,冻死寒鸦",这是一年里最冷的时候。可是,到了严冬,不久便是春天,所以人们并不因为寒冷而减少过年与迎春的热情。在腊八那天,人家里,寺观  里,都熬腊八粥。这种特制的粥是祭祖祭神的,可是细一想,它倒是农业社会的一种自傲的表现——这种粥是用所有的各种的米,各种的豆,与各种的干果(杏仁、核桃仁、瓜子、荔枝肉、莲子、花生米、葡萄干、菱角米……)熬成的。这不是粥,而是小型的农业展览会。

腊八这天还要泡腊八蒜。把蒜瓣在这天放到高醋里,封起来,为过年吃饺子用的。到年底,蒜泡得色如翡翠,而醋也有了些辣味,色味双美,使人要多吃几个饺子。在北京,过年时,家家吃饺子。

从腊八起,铺户中就加紧地上年货,街上加多了货摊子——卖春联的、卖年画的、卖蜜供的、卖水仙花的等等都是只在这一季节才会出现的。这些赶年的摊子都让儿童们的心跳得特别快一些。在胡同里，吆喝的声音也比平时更多更复杂起来，其中也有仅在腊月才出现的，像卖宪书的、松枝的、薏仁米的、年糕的等等。

在有皇帝的时候，学童们到腊月十九就不上学了，放年假一月。儿童们准备过年，差不多第一件事是买杂拌儿。这是用各种干果（花生、胶枣、榛子、栗子等）与蜜饯搀和成的，普通的带皮，高级的没有皮——例如：普通的用带皮的榛子，高级的用榛瓤儿。儿童们喜吃这些零七八碎儿，即使没有饺子吃，也必须买杂拌儿。他们的第二件大事是买爆竹，特别是男孩子们。恐怕第三件事才是买玩意儿——风筝、空竹、口琴等——和年画儿。

儿童们忙乱，大人们也紧张。他们须预备过年吃的使的喝的一切。他们也必须给儿童赶做新鞋新衣，好在新年时显出万象更新的气象。

二十三日过小年，差不多就是过新年的"彩排"。在旧社会里，这天晚上家家祭灶王，从一擦黑儿鞭炮就响起来，随着炮声把灶王的纸像焚化，美其名叫送灶王上天。在前几天，街上就有多多少少卖麦芽糖与江米糖的，糖形或为长方块或为大小瓜形。按旧日的说法：用糖粘住灶王的嘴，他到了天上就不会向玉皇报告家庭中的坏事了。现在，还有卖糖的，但是只由大家享用，并不再粘灶王的嘴了。

过了二十三，大家就更忙起来，新年眨眼就到了啊。在除夕以前，家家必须把春联贴好，必须大扫除一次，名曰扫房。必须把肉、鸡、鱼、青菜、年糕什么的都预备充足，至少足够吃用一个星期的——按老习惯，铺户多数关五天门，到正月初六才开张。假若不预备下几天的吃食，临时不容易补充。还有，旧社会里的老妈妈们，讲究在除夕把一切该切出来的东西都切出来，省得在正月初一到初五再动刀，动刀剪是不吉利的。这含有迷信的意思，不过它也表现了人们确是爱和平的人，在一岁之首连切菜刀都不愿动一动。

除夕真热闹。家家赶做年菜，到处是酒肉的香味。老少男女都穿起新衣，门外贴好红红的对联，屋里贴好各色的年画，哪一家都灯火通宵，不许间断，炮声日夜不绝。在外边做事的人，除非万不得已，必定赶回家来，吃团圆饭，祭祖。这一夜，除了很小的孩子，没有什么人睡觉，而都要守岁。

元旦的光景与除夕截然不同：除夕，街上挤满了人；元旦，铺户都上着板子，门前堆着昨夜燃放的爆竹纸皮，全城都在休息。男人们在午前就出动，到亲戚家、朋友家去拜年。女人们在家中接待客人。同时，城内城外有许多寺院开放，任人游览，小贩们在庙外摆摊，卖茶、食品和各种玩具。北城外的大钟寺、西城外的白云观、南城的火神庙（厂甸）是最有名的。可是，开庙最初的两三天，并不十分热闹，因为人们还正忙着彼此贺年，无暇及此。到了初五六，庙会开始风光起来，小孩们特别热心去逛，为的是到城外看看野景，可以骑毛驴，还能买到那些新年特有的玩具。白云观外的广场上有赛轿车赛马的；在老年间，据说还有赛骆驼的。这些比赛并不争取谁第一谁第二，而是在观众面前表演骡马与骑者的美好姿态与技能。

多数的铺户在初六开张，又放鞭炮，从天亮到清早，全城的炮声不绝。虽然开了张，可是除了卖吃食与其他重要日用品的铺子，大家并不很忙，铺中的伙计们还可以轮流着去逛庙、逛天桥和听戏。

元宵（汤圆）上市，新年的高潮到了——元宵节（从正月十三到十七）。除夕是热闹的，可是没有月光；元宵节呢，恰好是明月当空。元旦是体面的，家家门前贴着鲜红的春联，人们穿着新衣裳，可是它还不够美。元宵节，处处悬灯结彩，整条的大街像是办喜事，火炽而美丽。有名的老铺都要挂出几百盏灯来，有的一律是玻璃的，有的清一色是牛角的，有的都是纱灯；有的各形各色，有的通通彩绘全部《红楼梦》或《水浒传》故事。这在当年，也就是一种广告；灯一悬起，任何人都可以进到铺中参观；晚间灯中都点上烛，观者就更多。这广告可不庸俗。干果店在灯节还要做一批杂拌儿生意，所以每每独出心裁的，制成各样的冰灯，或用麦苗做成一两条碧绿的长龙，把顾客招来。

除了悬灯，广场上还放花合。在城隍庙里并且燃起火判，火舌由判官的泥像的口、耳、鼻、眼中伸吐出来。公园里放起天灯，像巨星似的飞到天空。

　　男男女女都出来踏月、看灯、看焰火；街上的人拥挤不动。在旧社会里，女人们轻易不出门，她们可以在灯节里得到些自由。小孩子们买各种花炮燃放，即使不跑到街上去淘气，在家中照样能有声有光地玩耍。家中也有灯：走马灯（原始的电影）、宫灯、各形各色的纸灯，还有纱灯，里面有小铃，到时候就叮叮地响。大家还必须吃汤圆呀。这的确是美好快乐的日子。

　　一眨眼，到了残灯末庙，学生该去上学，大人又去照常做事，新年在正月十九结束了。腊月和正月，在农村社会里正是大家最闲在的时候，而猪牛羊等也正长成，所以大家要杀猪宰羊酬劳一年的辛苦。过了灯节，天气转暖，大家就又去忙着干活了。北京虽是城市，可是它也跟着农村社会一齐过年，而且过得分外热闹。

　　在旧社会里，过年是与迷信分不开的。腊八粥，关东糖，除夕的饺子，都须先去供佛，而后人们再享用。除夕要接神；大年初二要祭财神，吃元宝汤（馄饨），而且有的人要到财神庙去借纸元宝，抢烧头股香；正月初八要给老人们顺星、祈寿。因此那时候最大的一笔浪费是买香蜡纸马的钱。现在，大家都不迷信了，也就省下这笔开销，用到有用的地方去。特别值得提到的是现在的儿童只快活地过年，而不受那迷信的熏染，他们只有快乐，而没有恐惧——怕神怕鬼。也许，现在过年没有以前那么热闹了，可是多么清醒健康呢。以前，人们过年是托神鬼的庇佑，现在是大家劳动终岁，大家也应当快乐地过年。

（选自《老舍文集》）

一、谈一谈

你家乡的春节是怎样过年的?

二、品一品

本文的语言优美、含蓄,极富表现力。反复诵读、品味下列语句,联系上下文,谈谈你对句子的理解。

1．除夕是热闹的,可是没有月光;元宵节呢,恰好是明月当空。

2．元宵节,处处悬灯结彩,整条的大街像是办喜事,火炽而美丽。有名的老铺都要挂出几百盏灯来,有的一律是玻璃的,有的清一色是牛角的,有的都是纱灯;有的各形各色,有的通通彩绘全部《红楼梦》或《水浒传》故事。

三、猜一猜

猜灯谜又称打灯谜,是中国独有的富有民族风格的一种汉族民俗文娱活动形式,是从古代就开始流传的元宵节特色活动。每逢农历正月十五,汉族民间都要挂起彩灯,燃放焰火,后来有好事者把谜语写在纸条上,贴在五光十色的彩灯上供人猜。因为谜语能启迪智慧又迎合节日气氛,所以响应的人众多,而后猜谜逐渐成为元宵节不可缺少的节目。灯谜增添了节日气氛,展现了古代汉族劳动人民的聪明才智和对美好生活的向往。

内里有人(打一字)。

最反常的天气(打一成语)。

白又方,嫩又香,能做菜,能煮汤,豆子是它爹和妈,它和爹妈不一样。(打一食品)

早不说晚不说（打一字）

壹加壹（打一字）

上下一体（打一字）

半导体（打一字）

7

清明

【阅读提示】

清明节又叫踏青节，在暮春与仲夏之交，也就是冬至后的第108天，是中国最重要的传统节日之一。本文的作者丰子恺先生回忆了儿时在家乡参加清明祭扫的情景，用简练的语言叙述了家人扫墓的过程，也描述了家乡当地淳朴的民风，以及孩子们把清明当作一件乐事的童真心态，表达了作者怀念儿时欢乐童年和家乡淳朴民俗民风的情感。

本文选用平常的字句，务求明白，不喜欢修饰，文字有一种朴讷而又明亮的味道，融童心和禅趣为一体，既真率自然，又妙趣横生。

清明例行扫墓。扫墓照理是悲哀的事。所以古人说："鸦啼雀噪昏乔木，清明寒食谁家哭。"又说："佳节清明桃李笑，野田荒冢只生愁。"然而在我幼时，清明扫墓是一件无上的乐事。人们借佛游春，我们是"借墓游春"。我父亲有八首《扫墓竹枝词》：

别却春风又一年，梨花似雪柳如烟。
家人预理上坟事，五日前头折纸钱。

风柔日丽艳阳天，老幼人人笑口开。
三岁玉儿娇小甚，也教抱上画船来。

双双画桨荡轻波，一路春风笑语和。
望见坟前堤岸上，松阴更比去年多。

壶榼纷陈拜跪忙，闲来坐憩树阴凉。
村姑三五来窥看，中有谁家新嫁娘。

周围堤岸视桑麻，剪去枯藤只剩花。

更有儿童知算计，松球拾得去煎茶。

荆榛坡上试跻攀，极目云烟杳霭闲。

恰得村夫遥指处，如烟如雾是含山。

纸灰扬起满林风，杯酒空浇奠已终。

却觅儿童归去也，红裳遥在菜花中。

解将锦缆趁斜晖，水上蜻蜓逐队飞。

赢受一番春色足，野花载得满船归。

这里的"三岁玉儿"，就是现在执笔写此文的七十老翁。我的小名叫作"慈玉"。

清明三天，我们每天都去上坟。第一天，寒食，下午上"杨庄坟"。杨庄坟离镇五六里路，水路不通，必须步行。老幼都不去，我七八岁就参加。茂生大伯挑了一担祭品走在前面，大家跟他走，一路上采桃花，偷新蚕豆，不亦乐乎。

到了坟上，大家息足，茂生大伯到附近农家去，借一张桌子和两只条凳来，于是陈设祭品，依次跪拜。拜过之后，自由玩耍。有的吃甜麦塌饼，有的吃粽子，有的拔蚕豆梗来做笛子。蚕豆梗是方形的，在上面摘几个洞，作为笛孔。然后再摘一段豌豆梗来，装在这笛的一端，笛便做成。指按笛孔，口吹豌豆梗，发音竟也悠扬可听。可惜这种笛寿命不长。拿回家里，第二天就枯干，吹不响了。

祭扫完毕，茂生大伯去还桌子凳子，照例送两个甜麦塌饼和一串粽子，作为酬谢。然后诸人一同在夕阳中回去。杨庄坟上只有一株大松树，临着一个池塘。父亲说这叫作"美人照镜"。现在，几十年不去，不知美人是否还在照镜。闭上眼睛，情景宛在目前。

正清明那天，上"大家坟"。这就是去上同族公共的祖坟。坟共有五六处，须用两只船，整整上一天。同族共有五家，轮流作主。白天上坟，晚上吃上坟酒。这笔费用由祭田开销。祖宗们心计长，恐怕子孙不肖，上不起坟，叫他们变成饿鬼，因此特置几亩祭田，租给农民。轮到谁家主持上坟，由谁家收租。雇船办酒之外，费用总有余裕。因此大家高兴作主。而小孩子尤其高兴，因为可以整天在乡下游玩，在草地上吃午饭。

船里烧出来的饭菜，滋味特别好。因为，据老人们说，家里有灶君菩萨，把饭菜的好滋味先尝了去，而船里没有灶君菩萨，所以船里烧出来的饭菜滋味特别好。

孩子们还有一件乐事，是抢鸡蛋吃。每到一个坟上，除对祖宗的一桌祭品以外，必定还有一只小區，内设小鱼、小肉、鸡蛋、酒和香烛，是请地主吃的，叫作拜坟墓土地。孩子们中，谁先向坟墓土地叩头，谁先抢得鸡蛋。我难得抢到，觉得这鸡蛋的确比平常的好吃。

上了一天坟回来，晚上是吃上坟酒。酒有四五桌，因为出嫁姑娘也都来吃。吃酒时，长辈总要训斥小辈，被训斥的，主要是乐谦、乐生和月生。因为乐谦盗卖坟树，乐生、月生作恶为非，上坟往往不到而吃上坟酒必到。

第三天上私房坟。我家的私房坟，又称为旗杆坟。去上的就是我们一家人，父母和我们姐弟数人。吃了早中饭，雇一只客船，慢吞吞地荡去。水路五六里，不久就到。

祭扫期间，附近三竺庵里的和尚来问讯，送我们些春笋。我们也到这庵里去玩，看见竹林很大，身入其中，不见天日。

我们终年住在那市井尘嚣中的低小狭窄的百年老屋里，一朝来到乡村田野，感觉异常新鲜，心情特别快适，好似遨游五湖四海。因此我们把清明扫墓当作无上的乐事。我的父亲孜孜兀兀地在穷乡僻壤的蓬门败屋之中度过短促的一生，我想起了感到无限的同情。

（选自《丰子恺散文》）

一、悟一悟

"一株大松树,临着一个池塘,"于是有了一个美丽的名字叫作"美人照镜"。我们民族文化中有很多这样富含韵味的景物名称,请你写出一个并做简略介绍。

二、赛一赛

组织本班同学举行一场"杏花春雨诵清明"的诗歌朗诵比赛。

8

端午日

【阅读提示】

　　作者凭借着对湘西端午民俗的细致观察和深切感受，紧扣"端午日"这个文题，描写了龙舟竞渡和追赶鸭子的欢快场面，展示了茶峒人同庆端午的淳朴民风，表现出了奋发向上、合作争先的民族精神。

　　全文布局清晰，各情节环环相扣，一丝不乱，语言闲适自由，充满生活情趣。

　　边城所在一年中最热闹的日子，是端午，中秋和过年。三个节日过去三五十年前如何兴奋了这地方人，直到现在，还毫无什么变化，仍能成为那地方居民最有意义的几个日子。

　　端午日，当地妇女、小孩子，莫不穿了新衣，额角上用雄黄蘸酒画了个王字。任何人家到了这天必可以吃鱼吃肉。大约上午11点钟左右，全茶峒人就吃了午饭。把饭吃过后，在城里住家的，莫不倒锁了门，全家出城到河边看划船。河街有熟人的，可到河街吊脚楼门口边看，不然就站在税关门口与各个码头上看。河中龙船以长潭某处作起点，税关前作终点，作比赛竞争。因为这一天军官、税官以及当地有身份的人，莫不在税关前看热闹。划船的事各人在数天以前就早有了准备，分组分帮，各自选出了若干身体结实、手脚伶俐的小伙子，在潭中练习进退。船只的形式，与平常木船大不相同，形体一律又长又狭，两头高高翘起，船身绘着朱红颜色长线，平常时节多搁在河边干燥洞穴里，要用它时，拖下水去。每只船可坐十二个到十八个桨手，一个带头的，一个鼓手，一个锣手。桨手每人持一支短桨，随了鼓声缓促为节拍，把船向前划去。坐在船头上，头上缠裹着红布包头，手上拿两支小令旗，左右挥动，指挥船只的进退。擂鼓打锣的，多坐在船只的中部，船一划动便即刻嘭嘭铛铛把锣鼓很单纯的敲打起来，为划桨水手调理下桨节拍。一船快慢既不得不靠鼓声，故每当两船竞赛到剧烈时，鼓声如雷鸣，加上两岸人呐喊助威，便使人想起梁红玉老鹳河时水战擂鼓的种种情形。凡是把船划到前面一点的，必可在税关前领赏，一匹红布，一块小银牌，不拘缠挂到船上某一个人头上去，都显出这一船合作努力的光荣。好事的军人，当每次某一只船胜利时，必在水边放些表示胜利庆祝的500响鞭炮。

赛船过后，城中的戍军长官，为了与民同乐，增加这个节日的愉快起见，便派士兵把30只绿头长颈大雄鸭，颈脖上缚了红布条子，放入河中，尽善于泅水的军民人等，自由下水追赶鸭子。不拘谁把鸭子捉到，谁就成为这鸭子的主人。于是长潭换了新的花样，水面各处是鸭子，同时各处有追赶鸭子的人。

船与船的竞赛，人与鸭子的竞赛，直到天晚方能完事。

（选自沈从文的《边城》）

拓展活动

一、想一想

文章提及了茶峒人端午节有哪几种习俗？

二、比一比

以"我们的节日·端午"为主题，在师生间、学生间开展爱心传递活动。例如：可以让学生搓五彩绳；回家学包粽子，也可让学生进行缝荷包比赛，比一比谁的手更巧，谁缝制的荷包更有创意；学生间可以互赠自己包的粽子、五彩绳和荷包，这样既能不忘传统，又能在互赠过程中传递爱心。

9

阳关曲⁽¹⁾·中秋月

【阅读提示】

《阳关曲·中秋作》是北宋文学家苏轼创作的一首诗。这首诗记述的是作者与其胞弟苏辙久别重逢，共赏中秋月的赏心乐事，同时也抒发了聚后不久又得分手的哀伤与感慨。

这首诗从月色的美好写到"人月圆"的愉快，又从当年当夜推想次年中秋，归结到别情。形象集中，境界高远，语言清丽，意味深长。

暮云收尽溢⁽²⁾清寒，
银汉⁽³⁾无声转玉盘⁽⁴⁾。
此生此夜不长好，
明月明年何处看。

【词句注释】

(1) 阳关曲：本名《渭城曲》。单调二十八字，四句三平韵。宋秦观云："《渭城曲》绝句，近世又歌入《小秦王》，更名《阳关曲》。属双调，又属大石调。按，唐教坊记，有《小秦王曲》，即《秦王小破阵乐》也，属坐部伎。"

(2) 溢：满出。暗寓月色如水之意。

(3) 银汉：银河。唐袁晖《七月闺情》："不如银汉女，岁岁鹊成桥。"

(4) 玉盘：喻月。李白《古朗月行》："小时不识月，呼作白玉盘。"

一、想一想

"转"字赋予了中秋月的特点是什么?

二、连一连

渭城朝雨浥轻尘， 总把新桃换旧符。 《枫桥夜泊》张继

我家洗砚池边树， 江枫渔火对愁眠。 《元日》王安石

横看成岭侧成峰， 朵朵花开淡墨痕。 《题西林壁》苏轼

月落乌啼霜满天， 远近高低各不同。 《墨梅》王冕

千门万户曈曈日， 客舍青青柳色新。 《送元二使安西》王维

10

九月九日 ⁽¹⁾ 忆山东 ⁽²⁾ 兄弟

【阅读提示】

本首诗由唐代诗人王维创作,写出了游子的思乡怀亲之情,具有朴质、深厚和高度概括的特点。诗一开头便紧切题目,写异乡异土生活的孤独凄然,因而时时怀乡思人,遇到佳节良辰,思念加倍。接着诗一跃而写远在家乡的兄弟,按照重阳节的风俗而登高时,也在思念自己。

全诗诗意反复跳跃,含蓄深沉,既朴素自然,又曲折有致,其中"每逢佳节倍思亲"更是千古名句。阅读此诗时注意体会作者的至情流露。

独在异乡 ⁽³⁾ 为异客 ⁽⁴⁾,
每逢佳节 ⁽⁵⁾ 倍思亲。
遥知兄弟登高 ⁽⁶⁾ 处,
遍插茱萸 ⁽⁷⁾ 少一人。

【词句注释】

(1) 九月九日:即重阳节。古以九为阳数,故曰重阳。

(2) 山东:王维迁居于蒲县(今山西永济市),在函谷关与华山以东,所以称山东。

(3) 异乡:他乡、外乡。

(4) 为异客:作他乡的客人。

(5) 佳节:美好的节日。

(6) 登高:古有重阳节登高的风俗。

(7) 茱萸(zhūyú):一种香草,即草决明。古时人们认为重阳节插戴茱萸可以避灾克邪。

拓展活动

一、做一做

家乡的重阳节有哪些习俗,请做一份详细的调查,并写出调查报告。

二、连一连

1. 端午节　　　　A. 菊花酒

2. 中秋节　　　　B. 月饼

3. 重阳节　　　　C. 汤圆

4. 元宵节　　　　D. 粽子

5. 春节　　　　　E. 水饺

综合实践活动
——今夜，我与屈原对话

【活动目的与任务】

探索传统文化节日，通过穿越时空、设计与历史人物屈原的交流对话，体会屈原的伟大精神和情怀。

引导学生理解节日文化所承载的文化意义，激发学生对节日文化的研究兴趣，更好地传承我们的传统文化。

【活动导入】

端午节为每年农历五月初五，又称端阳节、午日节、五月节等。"端午节"为中国国家法定节假日之一，并已被列入世界非物质文化遗产名录。端午节通常有如下传统习俗：

悬钟馗像：钟馗捉鬼，是端午节习俗。每家人将钟馗像悬挂在门上，可以镇宅驱邪，保佑一家平安。

挂艾叶菖蒲：艾草和菖蒲中都含有一种叫芳香油的东西，可以用来杀虫防病虫害，它的香气可以起到净化环境、驱虫祛瘟的作用。

赛龙舟：屈原投湖自杀的时候，有许多人划船去追赶拯救。他们争先恐后，可是却没能把屈原救上来，后来每年五月五日就用划龙舟来纪念这件事。

吃粽子：屈原死了之后，人们怕河里的鱼虾把他的尸体吃掉，就将糯米包在粽叶中，投到河里喂鱼。

佩香包：端午节的时候小朋友们都要戴上香包，香包里面放了很多香料，闻起来香香的，香包有各种各样的形状和颜色，可以挂在脖子上，也可以带在手腕上，好看极了！

五彩绳：在端午节人们编各种彩色的带子挂在手腕上，很好看又有吉祥的寓意。

【相关链接】

端午节起源于中国，最初是中国人民祛病防疫的节日，后因诗人屈原在这一天死去，便成了纪念屈原的传统节日。

公元前229年，秦国攻占了楚国八座城池，接着又派使臣请楚怀王去秦国议和。屈原看破了秦王的阴谋，冒死进宫陈述利害，楚怀王不但不听，反而将屈原逐出郢都。楚怀王如期赴会，一到秦国就被囚禁起来。楚怀王悔恨交加，忧郁成疾，三年后客死于秦国。楚顷襄王即位不久，秦王又派兵攻打楚国，顷襄王仓皇撤离京城，秦兵攻占郢都。屈原在流放途中，接连听到楚怀王客死和郢都被攻破的噩耗后，万念俱灰，仰天长叹一声，投入了激流滚滚的汨罗江。江上的渔夫和岸上的百姓听说屈原大夫投江自尽，都纷纷来到江上奋力打捞屈原的尸体，同时拿来了粽子、鸡蛋投入江中。有些郎中还把雄黄酒倒入江中，以便药昏蛟龙水兽使屈原大夫尸体免遭伤害。

从此，每年五月初的屈原投江殉难日，楚国人民都到江上划龙舟、投粽子，以此来纪念伟大的爱国诗人。端午节的风俗就这样流传下来。

【活动实施】

让我们穿越时光的隧道，和屈原进行一场精神的沟通。

师：他的诗赋，他的精神，他的情怀，他的气节，如一颗颗饱满的种子，从泛黄的书页中撒满了大地。他是楚国的三闾大夫，他是我国浪漫主义诗歌的奠基人，他是端午的情思所寄，他就是——屈原。让我们穿越时空，走进一个月光暗淡的夜晚，与屈原对话！

生1："您是……您是屈原？"

生1："您为何要深思高举，自找苦吃？"

生2："举世皆浊而我独清，众人皆醉而我独醒。"

生1："凡是聪明之人，都不固执己见，而能趋利避害。既然世人都是混浊的，您为何不随波逐流呢？"

生2："我宁可跳进清澈的江水，葬身于江鱼之腹，又岂能让自己的节操污染呢？"

生2："诚既勇兮又以武，终刚强兮不可凌。"

生1："后人仰慕您的傲骨和操守，感动于您舍生取义。然您生性秉直，身单力孤，奸党猖獗，怀王昏庸，听信谗言，您个人却被流放、诬陷、误解。您蒙冤受辱，可曾后悔过？"

生2："我百死不悔，岂能与子兰、郑袖之流合污？"

生1："想当年，若实现了您的抱负、主张，楚之国民，何其幸哉！

生2："倘联齐抗秦成功，楚国强大，秦国即不能一统天下，焉知历史不是另一幅巨轴画卷？泱泱中华或许能更早屹立于世界民族之林！"

生1："'路漫漫其修远兮，吾将上下而求索……'这是您曾经的抱负，曾经的誓言，您忘了吗？"

生2:"非是我忘了理想,怎奈理想破灭,抱负东流,楚国瓦解,疆域土崩,这样的每个日子,我的灵魂不再有寄托,如此安能苟活……"

……

传统节日的形成过程,是一个民族或国家的历史文化长期积淀凝聚的过程,它们无一不是从远古发展过来的,从这些流传至今的节日风俗里,还可以清晰地看到古代人民社会生活的精彩画面。传统节日有很强的内聚力和广泛的包容性,让我们感受到与民族源远流长的历史一脉相承,是一份宝贵的精神文化遗产!

请探索更多的传统文化节日,设计与其他历史人物的交流对话。

模块三
沂蒙红色文化

走近红色文化，感悟沂蒙精神。在山东临沂，有一种响当当的"沂蒙精神"，它出现在革命战争年代，曾经历过无数战火的洗礼，是红色文化的产物。沂蒙人民用血肉之躯践行了爱党爱军、艰苦奋斗、无私奉献、开拓奋进的崇高精神。

《沂蒙六姐妹》讲述了革命战争年代在沂蒙老区涌现出的一个女沂蒙英雄群体，在革命战争年代为民族解放和中华人民共和国的成立做出了突出贡献的故事。《沂蒙山小调》这支优美动听的歌曲，唱红了沂蒙山区，飞遍大江南北，并作为山东著名民歌蜚声国内外。《中华抗日第一村——渊子崖》让我们领悟到渊子崖村民英勇无比的英雄壮举和中国人的铮铮铁骨。《解放临沂城》让我们感受到临沂城在战争中的重要战略地位，以及解放临沂城的重要战略意义。《传承弘扬沂蒙红色精神，绘就老区发展新画卷》为我们展现了"水乳交融、生死与共"沂蒙精神特质的代代相传。

活动实践内容为"红色故事我来讲"，走进沂蒙红色基地，实地进行现场解说练习，感受沂蒙红色文化的魅力，接受沂蒙红色文化的洗礼熏陶，激发继承和发扬家乡的红色文化。

11

沂蒙六姐妹

【阅读提示】

本文以孟良崮战役为社会背景,描写了距离孟良崮30公里的蒙阴县烟庄村的六姐妹为解放战争做出的种种贡献。以战争为线索,生动形象地刻画了一组鲜明的人物形象。

文章行文流畅,阅读时要了解六姐妹的事迹,分析六姐妹的行为,感悟作者对六姐妹的敬佩、赞美之情。

在沂蒙这片红色土地上,诞生了无数可歌可泣的英雄儿女,沂蒙六姐妹带领乡亲们筹备军粮、护理伤员,支前拥军,谱就了一曲英雄赞歌。

1947年5月13日,孟良崮战役打响了。离孟良崮不过30公里的蒙阴县烟庄村,每天都有解放军部队从这里经过,赶赴前线。

部队进村,需要筹备军粮、护理伤员。村里的男人都上了前线,只剩下妇女和孩子。眼看支前工作要耽搁，村里六个年轻的姑娘、媳妇儿张玉梅、伊廷珍、杨桂英、伊淑英、冀贞兰、公方莲站了出来，"部队有需要，找俺们就行。"

六人接到的第一个任务，是筹集5 000斤军马草料。她们翻山越岭，走了一个个村庄，把凑足的谷草和料豆送到指定地点。拖着疲惫的身子刚回到村里，第二个任务接踵而至：两天内把5 000斤粮食加工成煎饼，运往前线。"绝不能让解放军饿着肚子打仗"，六人马上分头到山里，叫回了躲避敌机轰炸的乡亲们。

夜里，村里户户灯火通明，碾滚磨转，到处飘溢着煎饼的香味。在六人的安排下，乡亲们熬红了眼睛赶进度，终于按时把5 000斤粮食加工成的煎饼运到了前线。

行军打仗，战士们急需耐用舒适的鞋子。六人又接到了在五天内做出245双军鞋的任务。她们立即发动全村妇女打壳子、纺线、捻麻绳。一只鞋底要纳120行，一行要过30多针。麻绳要在腿上搓，时间长了，大伙儿腿上都磨出了血。没有布料，她们就把身上的大褂撕下来当鞋帮。不分昼夜地劳作，252双崭新的军鞋按时送到了部队。战斗最激烈的时候，六人还带领妇女运输队送过弹药。一箱弹药150斤重，一个人扛不动，就两人抬。她们翻越20多里山路，冒着敌人的炮火，一趟趟把弹药送往前线。

1947年6月10日，《鲁中大众报》以《妇女支前拥军样样好》为题目，报道了这个模范群体。从此，"沂蒙六姐妹"的名字传遍了整个沂蒙山区。

解放战争中，六姐妹带领全村为部队烙煎饼15万斤，筹集军马草料3万斤，洗军衣8 500多件，做军鞋500多双。她们用柔弱的肩膀和男人们一起撑起了战争的胜利，为民族解放和中华人民共和国的成立做出了独有的贡献。

(选自《大众日报》，作者：张立婷 赵琳，有删改)

一、想一想

"沂蒙六姐妹"分别是哪几个人?在她们的身上,体现了沂蒙人哪些优秀的品质和精神?

二、讲一讲

除了课文中的故事你还知道哪些关于"沂蒙六姐妹"的事迹?搜集有关"沂蒙六姐妹"的故事,讲给同学们听!

12 沂蒙山小调

【阅读提示】

《沂蒙山小调》是一首山东省的经典民歌，与《茉莉花》一起被联合国教科文组织认定为中国最具代表性的两首民歌，蜚声海内外；"沂蒙好风光"也逐步渗入人们的心灵中，成为沂蒙大地的主题形象。

阅读文章时，要了解《沂蒙山小调》的由来以及《沂蒙山小调》对沂蒙山区的意义，引导学生了解民歌、喜爱民歌。

八百里沂蒙好风光，山山水水都是歌。《沂蒙山小调》这支优美动听的歌曲，唱红了沂蒙山区，飞遍大江南北，被定为临沂市市歌。这支小调诞生于沂蒙山望海楼脚下的费县薛庄镇上白石屋村，由当年驻沂蒙山区抗大分校文工团团员李林（上海歌剧院顾问）和阮若珊（中央戏剧学院原副院长）两位同志创作。

歌曲一经传出，就因其通俗易懂、形象生动的歌词，美妙动听的曲调，很快传遍了鲁中、鲁南、滨海、胶东、渤海各抗日根据地，受到了广大军民的普遍喜爱。以后又流传到华北、东北各抗日根据地。

中华人民共和国成立以后，在长期的流传过程中，经过群众的不断加工修改，保留了原作的前两段歌词，第三段改为新词，方成今日的歌颂沂蒙山区风光的民歌——《沂蒙山小调》。

人人（那个）都说（哎）

沂蒙山好

沂蒙（那个）山上（哎）

好风光

青山（那个）绿水（哎）

多好看

风吹（那个）草低（哎）

见牛羊

高粱（那个）红来（哎）

豆花香

万担（那个）谷子（哎）

堆满仓

人人（那个）都说（哎）

沂蒙山好

沂蒙（那个）山上（哎）

好风光

青山（那个）绿水（哎）

多好看

风吹（那个）草低（哎）

见牛羊

高粱（那个）红来（哎）

豆花香

万担（那个）谷子（哎）

堆满仓

万担（那个）谷子（哎）

堆满仓

咱们的共产党领导好

沂蒙山的人民（哎）

喜洋洋

八百里沂蒙大地，处处回荡着《沂蒙山小调》的歌声。这支不朽旋律，由沂蒙大地唱遍大江南北，唱出了沂蒙的山河秀丽，唱出了家乡的丰饶富足，更唱出了人民对党的领导的热爱和赞同。

（文章根据网络资料改写）

拓展活动

一、想一想

电影《长津湖》运用《沂蒙山小调》有什么意义?

二、唱一唱

有人说,《沂蒙山小调》只有沂蒙人才能唱出味道。沂蒙人柔情似水又芳骨如钢,喜欢用歌声表达爱党爱军之情,直抒胸臆,坚韧而真诚。作为《沂蒙山小调》本土传唱人,宋守莲觉得,自己就是这样的人。

出生于1952年的宋守莲,出生地离《沂蒙山小调》诞生地只有十几里。宋守莲说,在儿童时代,自己学会的第一首歌就是《沂蒙山小调》,到现在已经唱了50多年了。"50多年来数不清唱了多少次,但依然喜欢唱,唱不够。"宋守莲说受这首歌曲的鼓舞,老区人民度过了艰苦卓绝的抗战时期。如今的生活翻天覆地,她觉得越唱越有力量,将会一直唱下去,将沂蒙精神一直发扬下去。

作为一名中职生,你应如何将它传唱下去?以小组为单位,唱出属于你们的《沂蒙山小调》。

13

中华抗日第一村——渊子崖

【阅读提示】

穿越时空隧道，历史定格在1941年12月19日。渊子崖这个村庄很小很小，小得在中国地图上很难找到；但渊子崖这个名字却很响很响，响得全中国的人都知道，因为它谱写了一段惊天地泣鬼神、刚烈悲壮的历史篇章。

阅读本文，要用心感受村民的英雄壮举，体会中国人的铮铮铁骨。

（渊子崖村位于山东省莒南县县城西15公里处，属板泉镇，在板泉镇驻地后西村北4公里处。村庄北邻南彭岭村，南与刘家官庄村接壤，西与楼里村交界，东与大韩岭相连。）

1941年，山东日军推行治安强化运动，对抗日根据地实行封锁、蚕食和残酷的扫荡。中共所领导的山东纵队与八路军115师相互配合，依靠当地群众广泛展开了反"扫荡"、反"蚕食"、反封锁的游击战。而日军集中四个师团七个独立混成旅团及部分伪军，共 5 万余人，由第十二军司令官土桥指挥，对沂蒙山抗日根据地展开了铁臂合围的"扫荡"，妄图围歼 115 师及山东纵队主力、摧毁沂蒙山抗日根据地。

日军经常对渊子崖村进行侵扰，残害百姓、抢掠财物、无恶不作，伪军也常到村子里替日军要粮逼款，百姓们度日如年，天天过着"白天怕见人跑，夜里怕听狗叫"的日子。八路军 115 师挺进沂蒙后，指战员们平易近人，打鬼子、捉汉奸，出生入死，不怕流血牺牲，村民们认识到八路军才是真正抗日的队伍。

12 月 19 日清晨，1 000 名装备精良的日本鬼子黄压压的一大片压向了渊子崖，向这座田野里的孤堡包围过来。这样一个普通的小村庄，在村长林凡义的带领下，全村村民争分夺秒地准备着，他们集中武器、集中人员、集中粮食，全村自卫队员和老幼妇孺手持土枪、铁锨、农具、石头准备与鬼子拼死一搏，并派出人员火速翻山越岭，寻求八路军的支援。

一场实力悬殊的杀戮即将开始，在与鬼子近身战时，大刀农具一起上阵。敌人一波一波的进攻被击退了，无奈鬼子人数众多，自卫队员在土围子上与鬼子展开了肉搏，伤亡惨重。

第二天早上,八路军山东纵队二团赶到渊子崖,孩子们把八路军领到猪圈,战士们搬开猪草,最上面放着一封信,信上密密麻麻地写满了全部村民的名字。血将名字浸成了红色,八路军战士手捧这些血红的粮食和血信,泣不成声,八路军山东纵队二团团部书记刘常德失声痛哭着,他不断念叨着"孩子们还活着,林家不会亡,渊子崖不会亡,中国不会亡!"两天后,渊子崖村把用全村生命保护下来的粮食送到了八路军与日军激战的前线。

炮火中倾洒的热血,是奔涌而出的民族气节;残阳下铮铮的铁骨,构筑起民族的脊梁!渊子崖保卫战,是一次英勇无比的英雄壮举,是一幅表现中国人铮铮铁骨的经典画面,是一曲响亮的民族正义之歌,谱写了中国抗日战争史上农民自发组织的规模最大、最为刚烈悲壮、最具民族不屈精神的壮丽诗篇。

在延安《解放日报》上,毛主席高度评价该村是"村自卫战的典范"。1942年春,滨海专署授予该村"抗日楷模村"的光荣称号,渊子崖也被誉为"中华抗日第一村"。

(选自微信公众号临沂工务段,有删改)

一、说一说

"中华抗日第一村"叫什么村?具体位置在哪里?

二、走一走

实地走进渊子崖,真切感受村民不畏强敌的英雄气概和中国人的铮铮铁骨。

14 解放临沂城

【阅读提示】

临沂是陇海铁路以北的军事重地,是鲁南、鲁中和滨海三个抗日根据地的联系枢纽,战略地位十分重要。解放临沂城,我们虽付出了巨大的代价,但取得了丰富的作战经验。临沂城解放不久,山东分局、山东省政府和山东军区即移驻此城。后来华中局和新四军也移驻到这里。一时,临沂城成了我党我军在山东乃至华中作战的指挥中心。

临沂北屏蒙山,东傍沂河,交通便利,是陇海路以北的军事重镇,也是我滨海、鲁中、鲁南三大战略区联系的枢纽,战略地位十分重要。因此,山东军区决定狠狠打击敢于顽抗的伪军,解放古城临沂。

1945年秋,日本帝国主义宣布无条件投降后,驻守临沂城的日军于8月16日逃往枣庄。城内伪临沂保安第八大队许兰笙部和伪费县保安大队邵子厚部,秘密将伪沂州道皇协军王洪九部接入城内,企图凭借坚固的防御工事,以及日寇留下的大批武器、弹药、粮食,固守顽抗,与人民为敌到底。

战斗之前，罗荣桓政委亲自作了部署，他向指挥人员阐明了解放临沂的重要战略意义，组建了解放临沂前线指挥部，并决定调用3个主力团和1个地方独立团参战。具体配置是：老四团在城南和城东南一线，山东军区特务团在城东和东北一线，鲁中军区十一团在城西和西北一线，临沭独立团在城西南一线。8月17日，我军发起进攻，当即占领四关。20日、22日，我军又连续两次强攻。但是由于敌人火力封锁猛烈，进退艰难，伤亡较大。前线指挥部见强攻对我不利，命令部队暂时返回阵地。此后，指挥部即组织部开展强大的政治攻势，昼夜向敌人喊话，这就是广为传颂的"十九昼夜舌战"。

在开展政治攻势的同时，我军在城西北角秘密实施地道作业，以便进行大面积爆破。经过8昼夜的努力，一条100多米长的坑道终于挖成。工兵连夜向坑道里运送炸药2 000公斤。9月10日清晨，按照预定计划进行爆破，把城西北的城墙炸开了一个30多米宽的大豁口。接着，我军自晨至午连续两次向突破口进行攻击。因遭正面敌人的顽抗和左右两翼火力的封锁，都没有奏效。

11日凌晨1时15分，我军发起总攻，东、南两面佯攻配合，西北突破口主攻。我突击部队冲上城墙，向敌逼近。我军一个战士把一个10公斤的大炸药包塞进敌人工事，将敌人的火力炸哑，我军乘机占领了突破口阵地。敌人连续组织了8次反扑，均被我军击溃。战斗开始向两翼发展。沿城墙所有敌人的掩体和火力点，都被我军摧毁。接着我军向城里各个区域挺进，与敌展开激烈的巷战。敌人受到重大杀伤后，纷纷缴械投降。

11日黎明，经过26天的激战后，古城临沂宣告解放。这次战役除王洪九率少数敌人逃窜外，驻城伪军大部被歼，生俘伪临沂县长韩文龙、临沂保安第八大队长许兰笙、费县县长韩金声、费县保安大队长邵子厚，以及王洪九部参谋陈维章以下2 000多人。13日，攻城部队举行了盛大的入城式。罗荣桓、黎玉、肖华于14日发出电文，对攻城部队进行嘉奖和慰勉。

（来源：沂蒙精神网）

一、谈一谈

今天的幸福生活来之不易,我们应该如何珍惜当下美好的一切?

二、看一看

观看电影《临沂保卫战》,感受革命先烈坚贞不屈的斗争精神。

15

传承弘扬沂蒙红色精神 绘就老区发展新画卷

【阅读提示】

2013年11月25日，习近平总书记在临沂考察时指出："沂蒙精神与延安精神、井冈山精神、西柏坡精神一样，是党和国家的宝贵精神财富，要不断结合新的时代条件发扬光大。"沂蒙精神内涵包括：吃苦耐劳、勇往直前、永不服输、敢于胜利、爱党爱军、开拓奋进、艰苦创业、无私奉献。

眼下，层林尽染，八百里沂蒙秋意正浓。在沂蒙革命纪念馆前，群雕《力量》吸引着来自四面八方的游客驻足仰望：在崎岖不平的道路上，一辆辆小推车装满支援前线的物资，艰难行进在山水间。小车后是一个个目光坚毅、勇往直前的沂蒙百姓，沿着曲折蜿蜒的道路盘旋而上。沂蒙人民用小推车支援前线的场景，把人们的思绪拉回到血雨腥风的革命战争年代。

"最后一口粮做军粮，最后一块布做军装，最后一个儿子送战场"，一个个感人至深的故事背后，正是沂蒙精神的生动体现。在艰苦卓绝的革命历程中，沂蒙党政军民水乳交融、生死与共，共同铸就了伟大的沂蒙精神。滔滔沂河水，流淌着党与人民血肉相连的鱼水深情；巍巍沂蒙山，耸立着党和人民生死与共的历史丰碑。

沂蒙精神孕育形成于以沂蒙为中心的山东抗日根据地。革命战争年代，沂蒙儿女抗战的历史波澜壮阔，"水乳交融、生死与共"的情谊根植在沂蒙老区人民的心中，写下了中国革命史上感人至深的篇章。

"照片上的这个人，叫明德英，是俺奶奶。"在临沂市沂南县马牧池乡常山庄村"中国红嫂革命纪念馆"，"沂蒙红嫂"明德英的孙媳妇耿胜红正在给游客讲述明德英用乳汁救伤员的故事。

（明德英）

（王换于）

还有，当年，"沂蒙红嫂"王换于在自家小院创办战时托儿所，包括罗荣桓将军一对儿女、几位烈士遗孤在内的42个孩子，在王换于及家人照顾下健康成长，而王换于的4个孙子却因营养不良、照顾不周先后夭折。家人曾问王换于为何如此"狠心"，老人平静地回答："自家的孩子没了还能生养，同志们的孩子要是没了，恐怕就没了血脉，咱舍上命也不能让烈士断了根呀！"

在沂蒙山区，"村村有红嫂、乡乡有烈士"。据有关部门不完全统计，仅抗战期间，沂蒙妇女就掩护了9.4万余名革命军人和抗日志士，共救助伤员1.9万余人。在当时山东抗日根据地420万人口中，有120多万人拥军支前，20多万人参军参战，10万多名烈士血染疆场。

陈毅元帅曾动情地说："我就是躺在棺材里也忘不了沂蒙山人，他们用小米供养了革命，用小车把革命推过了长江！"

"人民群众之所以支持和拥护子弟兵，是因为中国共产党始终把人民放在心中最高位置。"临沂市政协常委、市委党史研究院一级调研员李洪彦认为，沂蒙精神深刻揭示了"党的根基在人民，血脉在人民，力量在人民"的真理，生动揭示了我们党同人民群众同呼吸、共命运的血肉联系。

人民军队也用实际行动回报着人民。1943年农历除夕夜，临沭县朱村被日伪军包围。危急时刻，英雄的"钢八连"在连长鄢思甲的带领下火线驰援，经过6个多小时血战，击退了敌人。朱村平安了，可"钢八连"24名年轻的战士却永远长眠在沭河畔。当地村民留下了过年的第一碗饺子不敬天不敬地，要敬八连牺牲战士的传统，在生活富足的今天仍被传承。

这样的事例在蒙山沂水间不胜枚举。据不完全统计，仅1944年3月至1945年3月，八路军就解救群众1.9万人。

"沂蒙精神'水乳交融、生死与共'的特质，体现着党的性质和宗旨，贯穿着马克思主义群众观和党的群众路线，回答了'我是谁、为了谁、依靠谁'的永恒课题，揭示了中国共产党由小到大、由弱到强的成功密码。"山东省委党校中共党史教研部主任王巨新说。

(选自中国青年网，作者：经济日报记者　王金虎，有删改)

一、说一说

沂蒙精神孕育形成于以沂蒙山区为中心的山东抗日根据地。革命战争年代,沂蒙儿女抗战的历史波澜壮阔,"水乳交融、生死与共"的情谊根植在沂蒙老区人民的心中,写下了中国革命史上感人至深的篇章。沂蒙精神内涵包括哪些内容?

二、想一想

习近平总书记在临沂考察时指出:"沂蒙精神与延安精神、井冈山精神、西柏坡精神一样,是党和国家的宝贵精神财富,要不断结合新的时代条件发扬光大。"作为一名中职生,你将如何传承发扬沂蒙精神?

综合实践活动
——红色故事我来讲

【活动目的与任务】

走进沂蒙红色文化基地,实地进行现场解说练习。感受沂蒙红色文化的魅力,接受沂蒙红色文化的洗礼熏陶,激发学生继承和发扬家乡红色文化的愿望。

【活动导入】

红色文化是在革命战争年代,由中国共产党、人民群众共同创造的先进文化,蕴含着丰富的革命精神和厚重的历史文化内涵。

今天,让我们走进沂蒙红色文化基地,去看一看英雄们战斗过的地方,现场聆听革命先烈英勇的故事,亲身感受沂蒙红色文化带给我们的无穷力量。

【相关链接】

讲解是以陈列为基础,运用科学的语言和其他辅助表达方式,将知识传递给观众的一种社会活动,是知识和语言的高度综合艺术,它综合了教师、播音、演讲、话剧、表演等专业的技术手段,是专业性、知识性和艺术性的综合。

解说词的撰写要注意以下几个要点:

1. 解说的内容要明确、恰当、合理

解说词一般是配合实物或图片写的说明文字,内容必须与实际情况一致。如介绍石林、溶洞时，就要紧扣石林、溶洞的形状、规模、特点、成因等，为了增加解说的知识性和趣味性，也可以写一些与之有关的故事传说和科学道理。

2. 解说词要简短

一般人看了实物能够理解的东西就不要多写，只要把观众、听众不容易懂或可能产生疑问的地方以及需要引起观众、听众特别注意的地方写出来就可以了。因此，解说词要简明扼要，适可而止。

3. 解说词的表达要通俗易懂

解说词的服务对象很广泛，年龄、职业、文化程度等都有很大差异，因此要求写得通俗易懂；又因为解说词是要"说"的，所以还要尽量做到口语化。具体要求：（1）尽量用规范的语言写；（2）避免使用容易引起歧义的词语和生造的词语。

解说词主要是讲、念给人听的，有些音同或音近而义不同的词语，如不注意便会使听者产生误解。

4. 解说词力求表达多样

从语言上看，既可用平实朴素的语言，也可用感情浓郁、文采斐然的语言；既可用散文的笔调，也可用诗化的语言。从表达方式上看，可将说明与抒情相结合，也可将说明与议论相结合，还可加入描写，使人如身临其境。

5. 解说的主题可适当升华

解说词并非单单为了让观众、听众了解解说的对象，能够使观众、听众的思想在潜移默化中受到教育与提升，更是解说词要努力达到的目标。从某种意义上说，事（物）、理、情是解说词的三要素。"事（物）"是解说的对象、表达的客体；"理"是解说内容中所蕴含的思想和哲理，它往往需要提炼和升华；"情"是解说者在解说中的情感体验和抒发。"说理"和"抒情"都需要解说者从具象的人、事、景、物中，说出观众、听众欲知而未知的东西来。

【活动实施】

1. 参观沂蒙红嫂纪念馆,写一篇解说词,并向同学解说你感兴趣的内容

提示:

(1)参观时可以有意识地做一些记录,作为写作的素材。

(2)参观过程中看到的东西不可能全都写进解说词中,要有重点、有选择地写,做到主次分明,详略得当。

示例:

大青山党性教育基地解说词

大家好!欢迎大家来到大青山党性教育基地。大青山党性教育基地位于沂蒙山小调旅游区内的大青山脚下,基地始建于2007年,该教育基地主体是大青山胜利突围纪念广场,广场坐落于东蒙山腹地,东边是层峦叠嶂、绵延数十公里的大青山,西边是静谧深邃号称天然氧吧圣地的塔山,北有可以观望日出的望海楼,南有碧波堆雪的石岚水库。大青山胜利突围旧址,位于大青山主峰西麓山凹处的李行沟和梧桐沟处,这里是突围的主战场。

1941年11月30日,我方115师被围机关和后勤人员,在抗大一分校校长周纯全等校领导的指挥下,用劣质的武器,同装备精良、有备而来的一万多日、伪军展开了英勇顽强的殊死拼杀,最终撕开了敌人的包围圈。抗大一分校以牺牲300多人的较小代价,换取了数千人的胜利突围,保存了山东抗日武装的领导机关和大批有生力量。

2. 选择一件能代表沂蒙精神的老物件,向同学们解说它背后的故事。

提示:

(1)细致观察、认真搜集它背后的故事,解说要具体详细,不要泛泛

而谈。

（2）讲解时可适当融入一些个人感受，尽可能地说出自己的独特感受。

示例：独轮车

此革命文物为解放战争时期鲁南革命根据地支前使用，现被鲁南革命烈士陵园收藏。

模块四
大国匠心文化

工匠精神，是一种职业精神，它是职业道德、职业能力、职业品质的体现，是从业者的一种职业价值取向和行为表现。"工匠精神"的基本内涵包括敬业、精益、专注、创新等方面的内容。工匠精神是中华民族优秀传统文化的重要内涵和精彩呈现。择一事终一生，不为繁华易匠心。"如琢如磨，如切如磋"古已有之，"敬业与乐业"现代学者积极倡导。推动中国经济的发展，需"弘扬工匠精神，厚植匠心文化"，培育更多的中国工匠，打造更多享誉世界的中国品牌。

本模块从不同角度、不同行业选取了五篇文章。一篇精彩演讲向我们阐释了敬业的含义就是专心致志，心无旁骛；一个神射手的学习过程告诉我们，要学好一种技艺，需扎实练习基本功，持之以恒，精益，专注；一场解牛的视听盛宴，展示了庖丁娴熟的技艺、高超的本领，专心致志、精益求精、刻苦钻研的工作精神；"桥吊专家"许振超、"爆破工"彭祥华用实际行动向我们阐释了什么是"工匠精神"。在这个"互联网＋"时代，更需要匠人精神，增品种、提品质、创品牌。

活动实践内容为"培养工匠精神 争做工匠型人才"，结合专业开展此项活动，对接未来岗位，展现专业特色。

阅读欣赏大国匠心文化，锤炼匠心匠技。践行大国匠心文化，争做新时期德技双修的中职生。

16

敬业与乐业

【阅读提示】

人生基于事业才有价值，事业的成功与否取决于人们对事业的态度。"业精于勤荒于嬉"，唐代文学家韩愈如是说。

近代学者梁启超的见解更为深刻。近百年过去了，他的思想依然煜煜生辉。梁启超开宗明义地提出了"敬业乐业"的观点，指出"敬业乐业""是人类生活的不二法门"。接着引经据典，论述了"有业""敬业"和"乐业"三个问题："必先有业，才有可敬可乐的主体""第一要敬业""第二要乐业"。最后以"责任心"和"趣味"归结全文。学习文章，要认真汲取有益的思想营养，不断增强对自己所学专业的兴趣和责任心。

我这题目，是把《礼记》⁽¹⁾里头"敬业乐群"⁽²⁾和《老子》⁽³⁾里头"安其居，乐其业"⁽⁴⁾那两句话，断章取义造出来的。我所说的是否与《礼记》《老子》原意相合，不必深求；但我确信"敬业乐业"四个字，是人类生活的不二法门⁽⁵⁾。

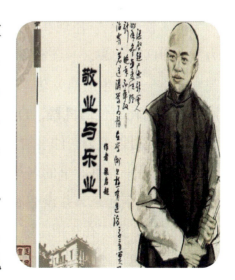

本题主眼⁽⁶⁾，自然是在"敬"字、"乐"字。但必先有业，才有可敬、可乐的主体，理至易明。所以在讲演正文以前，先要说说有业之必要。

孔子说："饱食终日，无所用心，难矣哉！"又说："群居终日，言不及义，好行小慧，难矣哉！"孔子是一位教育大家，他心目中没有什么人不可教诲，独独对于这两种人便摇头叹气说道："难！难！"可见人生一切毛病都有药可医，唯有无业游民，虽大圣人碰着他，也没有办法。

唐朝有一位名僧百丈禅师，他常常用两句格言教训弟子，说道："一日不做事，一日不吃饭。"他每日除上堂说法之外，还要自己扫地、擦桌子、洗衣服，直到八十岁，日日如此。有一回，他的门生想替他服务，把他本日应做的工悄悄地都做了。这位言行相顾的老禅师，老实不客气，那一天便绝对地不肯吃饭。

我征引儒门、佛门这两段话，不外证明人人都要有正当职业，人人都要不断地劳作。倘若有人问我："百行什么为先？万恶什么为首？"我便一点不迟疑答道："百行业为先，万恶懒为首。"没有职业的懒人，简直是社会上的蛀米虫，简直是"掠夺别人勤劳结果"的盗贼。我们对于这种人，是要彻底讨伐，万不能容赦的。……今日所讲，专为现在有职业及现在正做职业上预备的人 —— 学生 —— 说法，告诉他们对于自己现有的职业应采何种态度。

第一要敬业。敬字为古圣贤教人做人最简易、直捷的法门，可惜被后来有些人说得太精微，倒变得不适用了。唯有朱子[7]解得最好，他说："主一无适[8]便是敬。"用现在的话讲，凡做一件事，便忠于一件事，将全副精力集中到这事上头，一点不旁骛[9]，便是敬。业有什么可敬呢？为什么该敬呢？人类一面为生活而劳动，一面也是为劳动而生活。人类既不是上帝特地制来充当消化面包的机器，自然该各人因[10]自己的地位和才力，认定一件事去做。凡可以名为一件事的，其性质都是可敬。当大总统是一件事，拉黄包车[11]也是一件事。事的名称，从俗人眼里看来，有高下；事的性质，从学理[12]上解剖起来，并没有高下。只要当大总统的人，信得过我可以当大总统才去当，实实在在把总统当作一件正经事来做；拉黄包车的人，信得过我可以拉黄包车才去拉，实实在在把拉车当作一件正经事来做，便是人生合理的生活。这叫作职业的神圣。凡职业没有不是神圣的，所以凡职业没有不是可敬的。惟其[13]如此，所以我们对于各种职业，没有什么分别拣择。总之，人生在世，是要天天劳作的。劳作便是功德，不劳作便是罪恶。至于我该做哪一种劳作，全看我的才能如何，境地如何。因自己的才能、境地，做一种劳作做到圆满，便是天地间第一等人。

怎样才能把一种劳作做到圆满呢？唯一的秘诀就是忠实，忠实从心理上发出来的便是敬。《庄子》[14]记佝偻丈人承蜩的故事[15]，说道："虽天地之大，万物之多，而惟吾蜩翼之知。"[16]凡做一件事，便把这件事看作我的生命，无论别的什么好处，到底不肯牺牲我现做的事来和他交换。我信得过我当木匠的做成一张好桌子，和你们当政治家的建设成一个共和国家同一价值；我信得过我当挑粪的把马桶收拾得干净，和你们当军人的打胜一支压境的敌军同一价值。大家同是替社会做事，你不必羡慕我，我不必羡慕你。怕的是我这件事做得不妥当，便对不起这一天里头所吃的饭。所以我做这事的时候，丝毫不肯分心到事外。曾文正[17]说："坐这山，望那山，一事无成。"……一个人对于自己的职业不敬，从学理方面说，便是亵渎[18]职业之神圣；从事实方面说，一定把事情做糟了，结果自己害自己。所以敬业主义，于人生最为必要，又于人生最为有利。庄子说："用志不纷，乃凝于神。"[19]孔子说："素其位而行，不愿乎其外。"[20]我说的敬业，不外这些道理。

第二要乐业。"做工好苦呀！"这种叹气的声音，无论何人都会常在口边流露出来。但我要问他："做工苦，难道不做工就不苦吗？"今日大热天气，我在这里喊破喉咙来讲，诸君扯直耳朵来听，有些人看着我们好苦；翻过来，倘若我们去赌钱去吃酒，还不是一样在淘神[21]费力？难道又不苦？须知苦乐全在主观的心，不在客观的事。人生从出胎的那一秒钟起到咽气的那一秒钟止，除了睡觉以外，总不能把四肢、五官都搁起不用。只要一用，不是淘神，便是费力，劳苦总是免不掉的。会打算盘[22]的人，只有从劳苦中找出快乐来。我想天下第一等苦人，莫过于无业游民，终日闲游浪荡，不知把自己的身子和心摆在哪里才好。他们的日子真难过。第二等苦人，便是厌恶自己本业的人，这件事分明不能不做，却满肚子里不愿意做。不愿意做逃得了吗？到底不能。结果还是皱着眉头、哭丧着脸去做。这不是专门自己替自己开玩笑吗？我老实告诉你一句话："凡职业都是有趣味的，只要你肯继续做下去，趣味自然会发生。"为什么呢？第一，因为凡一件职业，总有许多层累(23)、曲折，倘能身入其中，看它变化、进展的状态，最为亲切有味。第二，因为每一职业之成就，离不了奋斗；一步一步地奋斗前去，从刻苦中得快乐，快乐的分量加增。第三，职业性质，常常要和同业的人比较骈进(24)，好像赛球一般，因竞胜而得快乐。第四，专心做一职业时，把许多游思、妄想杜绝了，省却无限闲烦恼。孔子说："知之者不如好之者，好之者不如乐之者。"(25)人生能从自己职业中领略出趣味，生活才有价值。孔子自述生平，说道："其为人也，发愤忘食，乐以忘忧，不知老之将至云尔。"(26)这种生活，真算得人类理想的生活了。

我生平最受用的有两句话：一是"责任心"，二是"趣味"。我自己常常力求这两句话之实现与调和，常常把这两句话向我的朋友强聒(27)不舍。今天所讲，敬业即是责任心，乐业即是趣味。我深信人类合理的生活总该如此，我盼望诸君和我一同受用！

（选自梁启超《饮冰室合集》）

【词句注释】

(1)《礼记》：儒家经典之一，秦、汉以前各种礼仪论著的选集。

(2) 敬业乐群：专心致志于学业或事业，与人相处得很好。

(3)《老子》：又名《道德经》，道家的经典，相传是春秋时老聃（dān）所著。

(4) 安其居，乐其业：使人民安居乐业。

(5) 不二法门：佛家用语，比喻独一无二的门径。法门，指修行入道的门径。

(6) 主眼：主要的着眼点，意即文章的主要内容、主要观点。

(7) 朱子：即朱熹（1130—1200），宋代理学家，教育家。

(8) 主一无适：专心于一件事，一点也不向别处分心。适，指朝别的路上去。

(9) 旁骛（wù）：不专心正业，而去追求正业以外的事。骛，追求。

(10) 因：凭借，根据。

(11) 黄包车：旧时一种用人拉的车。

(12) 学理：科学上的原理或法则。

(13) 惟其：连词，表示因果关系，跟"正因为"相近。

(14)《庄子》：战国时的思想家周庄所著，又名《南华经》。

(15) 佝偻（gōu lóu）丈人承蜩（tiáo）的故事：驼背老人捕蝉的故事，出自《庄子·达生》。偻，驼背。丈人，古代对老年男子的尊称。承蜩，粘取蝉，捕蝉。

(16) 虽天地之大，万物之多，而惟吾蜩翼之知：虽然天地这样大，万物这样多，但是我只注意蝉的翅膀。这是驼背老人对孔子说的话。

(17) 曾文正：即清代军政大臣曾国藩，"文正"是他的谥号。

(18) 亵渎（xiè dú）：轻慢，不尊重。

(19) 用志不纷，乃凝于神：语出《庄子·达生》。意思是：运用心思，专一而不分散，精神便会集中（凝）起来。

(20) 素其位而行，不愿乎其外：语出《中庸》。意思是：按与他平素所处的地位，做他所当做的事，而且不祈求本分以外的事情。

(21) 淘神：使人耗费精神。

(22) 打算盘：合计，盘算。

(23) 层累：层层叠叠，指困难和阻力重重。

(24) 骈进：并进。

(25) 知之者不如好之者，好之者不如乐之者：语出《论语·雍也》。意思是：懂得它的人不如爱好它的人，爱好它的人不如以实行它为快乐的人。

(26) 其为人也，发愤忘食，乐以忘忧，不知老之将云尔：语出《论语·述而》。意思是：他这个人啊，用功便忘记了吃饭，陶醉在学问里，便忘记了忧愁，不知道衰老就要到来，如此而已。云尔，语助词，相当于"罢了"。

(27) 强聒（qiǎng guō）不舍：硬要啰唆个不停。聒，喧扰。舍，舍弃，放弃。

一、说一说

全面建设社会主义现代化国家、实现中华民族伟大复兴的中国梦必须大力弘扬工匠精神,培养更多高素质技术技能人才。熟读文章,说一说培育工匠精神与本文中的论述有什么相同点?

二、写一写

文中在谈到"有业之必要"时,举孔子和百丈禅师的例子加以说明;谈到"凡职业都是有趣味的"时,列出了四个理由加以说明。参照这两种写法,根据自己的理解,试着为"有业之必要"列举几条理由,或为"凡职业都是有趣味的"提供几个实例。

三、谈一谈

我们现在提倡"工匠精神",结合"敬业、乐业",请谈谈你对"工匠精神"的理解。

17

纪昌学射

【阅读提示】

这则寓言向我们讲述了纪昌拜神射手飞卫为师学习射箭的故事,飞卫告诉他要下功夫练眼力,先是"学不瞬,而后可言射矣",然后练习"视小如大,视微如著"。纪昌一一照做并最终成为一个百发百中的射箭能手。

这则寓言生动形象地告诉我们,要想练成精湛的技艺,就要执着专注、持之以恒、心无旁骛地勤学苦练。熟读文章领会"执着专注、精益求精"的精神内涵。劳动者只有将之融入血液,刻入灵魂,才能在平凡的岗位上建功立业。

甘蝇⁽¹⁾,古之善射者,彀弓⁽²⁾而兽伏鸟下⁽³⁾。弟子名飞卫,学射于甘蝇,而巧过其师⁽⁴⁾。纪昌者,又学射于飞卫。飞卫曰:"尔先学不瞬⁽⁵⁾,而后可言射矣。"

纪昌归,偃卧⁽⁶⁾其妻之机⁽⁷⁾下,以目承牵挺⁽⁸⁾。二年后,虽⁽⁹⁾锥末⁽¹⁰⁾倒眦⁽¹¹⁾,而不瞬也,以告飞卫。飞卫曰:"未也,必学视而后可。视小如大,视微⁽¹²⁾如著⁽¹³⁾,而后告我。"

昌以牦悬虱于牖⁽¹⁴⁾,南面而望之。旬日⁽¹⁵⁾之间,浸⁽¹⁶⁾大也;三年之后,如车轮焉。以睹⁽¹⁷⁾余物,皆丘山也。乃以燕角之弧⁽¹⁸⁾,朔蓬之簳⁽¹⁹⁾射之,贯⁽²⁰⁾虱之心,而悬不绝⁽²¹⁾。以告飞卫。飞卫高蹈拊膺⁽²²⁾曰:"汝得之矣!"

纪昌既尽卫之术,计天下之敌己者一人而已,乃谋杀飞卫。相遇于野,二人交射;中路矢锋相触,而坠于地,而尘不扬。飞卫之矢先穷。纪昌遗一矢,既发,飞卫以棘刺之端扞之,而无差焉。于是二子泣而投弓,相拜于涂，请为父子。尅臂以誓，不得告术于人。

（选自《列子·汤问》）

【词句注释】

(1) 甘蝇：古代传说中善于射箭的人。

(2) 彀（gòu）弓：张弓，拉开弓。彀，满。

(3) 兽伏鸟下：野兽倒下，飞鸟落下。

(4) 而巧过其师：而，但是。过，超过。巧，本领。

(5) 不瞬：不眨眼睛。

(6) 偃卧：仰面躺下。

(7) 机：这里专指织布机。

(8) 以目承牵挺：以，用。承，这里是由下向上注视的意思。牵挺，织布机的踏板。因其上下动作，故可练目不瞬。

(9) 虽：即使。

(10) 锥末：指锥子的尖端。

(11) 眦（zì）：眼眶。

(12) 微：微小。这里指微小的物体。

(13) 著：明显。这里指明显的物体。

(14) 牖（yǒu）：窗户。

(15) 旬日：十天。

(16) 浸：渐渐地。

(17) 睹：看。

(18) 弧：弓。

(19) 朔蓬之簳（gǎn）：北方蓬竹做的箭杆。朔，北方。簳，箭杆。

(20) 贯：贯穿，穿过。

(21) 绝：断。

(22) 高蹈拊（fǔ）膺（yīng）：高兴地跳起来并拍着胸脯。

一、谈一谈

"心心在一艺,其艺必工;心心在一职,其职必举。"这种执着专注、精益求精、一丝不苟、追求卓越的工匠情怀值得大力传承和弘扬。"工匠精神"自古以来经久不衰,纪昌身上就体现了"工匠精神",请结合文章内容谈谈你对工匠精神的理解。

二、讲一讲

纪昌、飞卫,他们生活在春秋战国时代,距今两千多年。在我们的生活中,也有着许许多多的"纪昌""飞卫",你还知道有哪些事例吗?请讲一讲。

三、访一访

"工匠精神"并不遥远,它一直存在于我们身边。请同学们寻访身边的劳动模范、能工巧匠,感受他们身上的工匠精神吧。

18

庖丁解牛

【阅读提示】

本文出自于《庄子·养生主》，文章讲述的是一名叫丁的厨工，运用其优美、高超的技术，在文惠君面前游刃有余地宰牛的故事。庖丁解牛所体现的古代工匠精神与当代工匠精神一脉相承：其一，工匠精神最基础的是"技"，"技"是想法与蓝图实现的根本；其二，高级的工匠都能达到"道"的境界，"道"是攻克技术问题以后，在实践中达到游刃有余的境地；其三是"养身"，是达到游刃有余的境界后，处理问题时把握事物机理，免于遭受伤身和劳神的困扰，从而达到保身、养亲、尽年的目的，这也是现代工匠立身处世可以借鉴的。

庖丁(1)为文惠君解牛(2)，手之所触，肩之所倚，足之所履，膝之所踦(3)，砉然向然(4)，奏刀騞然(5)，莫不中音(6)。合于《桑林》(7)之舞，乃中《经首》(8)之会。

文惠君曰："嘻，善哉！技盖(9)至此乎？"

庖丁释(10)刀对曰："臣之所好(11)者道也，进(12)乎技矣。始臣之解牛之时，所见无非牛(13)者。三年之后，未尝见全牛(14)也。方今之时(15)，臣以神遇(16)而不以目视，官知止而神欲行(17)。依乎天理(18)，批大郤(19)，导大窾(20)，因其固然(21)，技经肯綮之未尝(22)，而况大軱(23)乎！良庖岁更刀(24)，割(25)也；族庖月更刀，折(26)也。今臣之刀十九年矣，所解数千牛矣，而刀刃若新发于硎(27)。彼节者有间(28)，而刀刃者无厚(29)；以无厚入有

间，恢恢乎其于游刃必有余地矣⁽³⁰⁾，是以十九年而刀刃若新发于硎。虽然，每至于族⁽³¹⁾，吾见其难为，怵然为戒⁽³²⁾，视为止⁽³³⁾，行为迟。动刀甚微，謋然已解⁽³⁴⁾，如土委地⁽³⁵⁾。提刀而立，为之四顾，为之踌躇⁽³⁶⁾满志，善⁽³⁷⁾刀而藏之。"

文惠君曰："善哉！吾闻庖丁之言，得养生⁽³⁸⁾焉。

（选自《庄子·养生主》）

【词句注释】

(1) 庖（páo）丁：名丁的厨工。先秦古书往往以职业放在人名前。

(2) 文惠君：即梁惠王，也称魏惠王。解牛：宰牛，这里指把整个牛体开剥分剖。

(3) 踦（yǐ）：支撑，接触。这里指用一条腿的膝盖顶牛。

(4) 砉（xū）：象声词，皮骨相离的声音。向：通"响"。

(5) 奏刀：进刀。騞（huō）：象声词，形容比砉然更大的进刀解牛声。

(6) 中（zhòng）音：合乎音乐节拍。

(7)《桑林》：传说中商汤时的乐曲名。

(8)《经首》：传说中尧乐曲《咸池》中的一章。会：指节奏。以上两句互文，即"乃合于《桑林》《经首》之舞之会"之意。

(9) 盍（hé）：通"盍"，何，怎样。

(10) 释：放下。

(11) 好（hào）：喜好，爱好。

(12) 进：超过。

(13) 无非牛：没有不是完整的牛。一作"无非全牛"。

(14) 未尝见全牛：不曾看见完整的牛。

(15) 方今之时：如今。方，当。

(16) 神遇：用心神和牛体接触。神，精神，指思维活动。遇，合，接触。

(17) 官知：这里指视觉。神欲：指精神活动。

(18) 天理：指牛的生理上的天然结构。

(19) 批大郤：击入大的缝隙。批，击。郤，空隙。

(20) 导大窾（kuǎn）：顺着（骨节间的）空处进刀。

(21) 因：依。固然：指牛体本来的结构。

(22) 技经：犹言经络。技，据清俞樾考证，当是"枝"字之误，指支脉。经，经脉。肯：紧附在骨上的肉。綮（qìng）：筋肉聚结处。"技经肯綮之未尝"为宾语前置句，即"未尝技经肯綮"。

(23) 軱（gū）：股部的大骨。

(24) 良庖：好厨师。岁：年。更：更换。

(25) 割：这里指生割硬砍。

(26) 折：用刀折骨。

(27) 发：出。硎（xíng）：磨刀石。

(28) 节：骨节。间（jiàn）：间隙。

(29) 无厚：没有厚度，非常薄。

(30) 恢恢乎：宽绰的样子。游刃：游动刀刃，指刀在牛体内运转。余：宽裕。

(31) 族：指筋骨交错聚结处。

(32) 怵（chù）然：警惧的样子。为戒：为之戒，因为它的缘故而警惕起来。

(33) 止：集中在某一点上。

(34) 謋（huò）：象声词，骨肉离开的声音。这句后面，有些版本还有"牛不知其死也"一句。

(35) 委地：散落在地上。

(36) 踌躇：从容自得，十分得意的样子。满志：心满意足。

(37) 善：通"缮"，修治。这里是拭擦的意思。

(38) 养生：指养生之道。

一、找一找

成语是中国传统文化的一大特色,是中华文化中一颗璀璨的明珠。我们现在常用的一些成语就出自庄子这则寓言,试着把它们找出来吧。

二、说一说

在庄子笔下,本来充满血腥味道、繁重肮脏的解牛过程,却看不见牛挣扎之状,听不到牛的惨叫之声,也没有血腥的场面,就像在欣赏乐舞表演,妙不可言。读了文章,你能说说其中的原因吗?

三、谈一谈

这则寓言所体现的工匠精神,你是如何理解的?它给了你什么样的启示?请联系实际谈一谈。

19

许振超：新时代的中国工人

【阅读提示】

择一事终一生，不为繁华易匠心。

徐振超在吊车司机的岗位上一干就是数十年，他干一行，爱一行，专一行，通过勤学苦练增强了自身劳动技能和劳动素质。他在不断地超越自我的过程中，成为著名的能工巧匠，为社会做出了贡献。让我们一起来感悟英雄模范的崇高品格，汲取精神力量。

够普通的岗位——吊车司机；够单调的工作——把货物从码头吊上车、船，或是从车、船吊到码头。30个春秋就这样悄然而去。然而，人们说，30年来，从他坚守的这个普通的操作台上流泻出的，不是单调的音符，而是一曲曲华美的乐章。

他，就是青岛港的吊车司机，一个只有初中文凭的桥吊专家，一个一年内就两次刷新世界集装箱装卸纪录的人——许振超。

"干活不能光用力气，还要动脑筋；干一行，就要爱一行，精一行。"

1974年，许振超初中毕业后到青岛港当了一名码头工人。他操作的是当时最先进的起重机械——门机。许振超勤学苦练，7天就学会，在一起学习的工人中第一个独立操作。

然而，会开容易开好难。师傅开门机，钩头起吊平稳，钢丝绳走的是"一条线"；到了许振超手里，钩头稳不住，钢丝绳直打晃。特别是矿石装火车作业，一钩货放下，洒在车外的比进车内的还多。看到工人们忙着拿铁锹清理，许振超十分内疚。

还有，矿石装火车装多了，工人要费不少劲扒去多的；装少了，亏吨，货主不干。为了早日掌握这项技术，每次作业完毕，别人歇着了，许振超还留在车上，练习停钩、稳钩。四五个月后，他开的门机钢丝绳走起来也一条线了，一钩矿石吊起，稳稳落下，不多不少，正好装满一车皮。这手"一钩准"的绝活，很快就被大家传开了。

一次，许振超干散粮装火车作业，发现粮食颗粒小，更易洒漏。他便在工作之余，吊起满满一桶水，练习走钩头，直至练到钩头行进过程中滴水不洒。再去装散粮，一抓斗下去，从舱内到车内，平平稳稳，又一个绝活——"一钩清"。许振超的活干净利索，装卸工人们二次劳动大大减轻，谁都愿意跟他搭班。

1984年，青岛港组建集装箱公司，许振超当上了第一批桥吊司机。许振超又钻研上了。桥吊作业有一个高、低速减速区，减速早了装卸效率下降，减速太迟又影响货物安全。于是，他带上测试表反复测试，终于成功地将减速区调到最佳位置。以前一台桥吊一小时吊14、15个箱子，改革后能吊近20个箱子，使作业效率提高1/4。

一次，一场大雾使整个码头的装卸作业被迫停下，直到中午雾仍不散。货轮的船长急火火地找到许振超，请求马上把集装箱卸下来。原来，该轮装载的全是冷藏箱，不料供电电源发生故障，如不抢卸，一旦箱里温度升高货物变质，损失就是好几百万元。

一台桥吊有十几层楼那么高，而集装箱上起吊用的4个锁孔，每个不过一块香皂大小。司机在40多米高的桥吊上，要让重达十几吨的吊具的4个爪准确插入集装箱的锁孔中，好天气操作起来都不那么容易，何况大雾弥漫。

艺高人胆大。许振超一咬牙答应了。他在船上、岸边各安排两个经验丰富的老司机，通过对讲机随时报告集装箱位置，自己登上桥吊，精心操作。随着船上、岸边清晰的报告声，一个个箱子一钩到位，顺顺利利全卸了下来。许振超凭着过硬的功夫、娴熟的技巧,闯过了雾天作业禁区,为客户挽回了巨额损失。

1991年,许振超当上了桥吊队队长。他在工作中发现,桥吊故障中有60%是吊具故障,而故障主要是由于起吊和落下时速度太快,吊具与集装箱碰撞造成的。他提出,这么操作不仅桥吊容易出故障,货物也不安全,必须做到无声响操作。

司机们一听炸了窝。"集装箱是铁的,船是铁的,拖车也是铁的,这集装箱装卸就是铁碰铁,怎么能不响呢?"说出口的道理很硬,没有说出口的道理更硬:桥吊队实行的是计件工资,多吊一箱就多挣一份钱。搞无声响操作,轻拿轻放,不明摆着要降低速度,减少收入吗?

许振超没多解释,自己动手练起来。他通过控制小车水平运行速度和吊具垂直升降之间的角度,操作中眼睛上扫集装箱边角,下瞄船上装箱位置一点,手握操纵杆变速跟进找垂线。打眼一瞄,就能准确定位,又轻又稳。然后,他专门编写了操作要领,亲自培训骨干并在全队推广,以事实说服人。就这样,"无声响操作"又成了许振超的杰作、青岛港的独创。

1997年11月,老港区承运一批化工剧毒危险品。这个货种一旦出现碰撞,就有可能引发恶性事故。为了确保安全,码头、铁路专线都派上了武警和消防员,身着防化服全线戒严。船靠岸后,在许振超的指挥下,练就一手"无声响操作"的桥吊司机们个个精心操作,一个半小时,40个集装箱被悄然无声卸下,又悄然无声装上火车。船东代表感慨地说:"你们的作业简直是'行云流水',太神奇了!"

"咱当不了科学家,但可以做个能工巧匠。"

当了队长的许振超,除了开好自己的桥吊,还想做更多的事。

一次,队里的一台桥吊控制系统发生了故障,请外国厂家的工程师来修。专家干了12天,一下子挣走4.3万元。这件事深深刺痛了许振超。他想,如果自己会修,这笔钱不就省了吗?

然而,桥吊的构造很复杂,涉及电力拖动、自动控制等6门学科,就是学起重机械专业的大学生也至少得两三年才能够处理一般性故障。许振超只有初中文化，可为了攻克这门技术，他着了魔似的钻研，终于发现，所有的技术难点都集中在一块块控制系统模板上，而这正是外国厂家全力保护的尖端技术——不仅没提供电路模板图纸，就连最基本的数据也没有。

许振超不信邪。每天下了班，他拿着借来的备用模板，一头扎进自己的小屋里。一块书本大的模板，一面是密密麻麻镶嵌的上千个电子元件，另一面是弯弯曲曲的印刷电路，这样的模板在桥吊上一共有20块。为了分辨细如发丝、若隐若现的线路，许振超专门用玻璃做了个支架，将模板放在玻璃上，下面安上100瓦的灯泡，通过强光使模板上隐身的线路显现出来，然后一笔一笔绘制成图。光分辨这2 000多个焊点，已够麻烦了，要弄明白它们之间的连接更麻烦。一个点前后左右可能有4条连线，而且每一条连线又延伸出两条连线，两条再变成4条，最多的变成20、30根连线，每个点、每条线，许振超都要用万用表试了又试，一条线路常常要测试上百个电子元件，直到最终试出一条通路来。这样精细的活，特别累眼，累得看不清了，许振超就到冰箱里取出冰块，敷上一会儿，接着再干，每天晚上坚持干3个多小时。

就这样，许振超用了整整4年时间，一共倒推了12块电路模板，画了两尺多厚的电路图纸，终于攻克了技术难点。这套模板图纸后来便成了桥吊司机的技术手册，成了青岛港集装箱桥吊排障、提效的"利器"。一次，一台桥吊上的一块核心模板坏了，许振超跑到电器商店花8元钱买了一个运控器，回来换上后桥吊就正常运作了。而这要是在以前，换一块模板得花3万元钱！

2000年，队里的6台轮胎吊发动机又到了大修的时候。许振超找到公司领导主动要求，把这个项目交给他组织技术骨干来完成，一来锻炼队伍，二来节约资金。面对复杂的维修工艺，他与攻关小组一起边琢磨边实践，加班加点，提前完成了轮胎吊发动机的大修。近几年来，经他主持修理的项目累计为青岛港节约800多万元。

许振超的维修技术出了名，公司奖励了他一台传呼机，许振超的传呼机一天24小时都开机，只要桥吊有故障，随叫随到，随到随修。

掌握了修桥吊的技术，许振超仍不满足。因为作业中桥吊一旦发生突发故障，如果不能及时排除，将对装卸效率和船东利益造成严重影响。许振超又提出了一个新目标——"15分钟排障"。他从解剖每一个运行单元入手，不断探索，终于做到心中有数，手到"病"除。目前，桥吊队从接到故障信息，到主管工程师到场排除，已缩短到15分钟以内。

2001年，青岛市和青岛港集团实施外贸集装箱西移战略，启动前湾集装箱码头建设。然而，由于种种原因，直到11月下旬，桥吊安装仍然没有大的进展。关键时刻，青岛港集团总裁常德传现场发布任命：许振超任桥吊安装总指挥，年底前完成桥吊安装。

接下任务，许振超办了两件事：一是打电话告诉爱人，从现在到年底一个多月不能回去，让她放心；二是买了10箱方便面，往现场一扔。

前湾码头当时还是一片荒地，现场办公就在工地上一个集装箱里。零下十几摄氏度的天气，集装箱里外外一样冷。每天早晨脸盆里的水都冻成冰坨，穿上工作鞋先要跺几分钟。吃饭要到三里地以外，错过点只能干啃方便面、凉馒头；睡觉就在集装箱一角铺上硬纸壳加大衣。有一次许振超发烧，几天不退，身子像散了架一样，走路都发飘。但晚上给家里打电话仍是那句话："工程进展顺利，我一切都好。"

妻子许金文和女儿小雪放心不下，乘轮渡到码头上看望许振超。只见他眼里布满血丝，嘴上裂着口子。荒凉的前湾码头空地上，只有两个铁皮集装箱。其中一个，就是许振超的办公室兼卧室，里面的"家当"有三件：一把电水壶，一件军大衣，一张硬纸壳。妻子含着眼泪说："这么苦，你的身体怎么受得了？"许振超笑笑说："做心里喜欢的事，就不觉得苦。"

经过40多天的奋战，重1 300吨、长150米、高达75米的超大型桥吊,终于矗立在前湾宽阔的码头上。许振超和工友们激动得流下了热泪。而许振超的风湿病又加重了,走起路来左腿常常不敢吃劲。直到现在,每天晚上睡觉时,都得穿上厚厚的毛袜子。

随着港口西移战略的顺利推进,一个念头在许振超脑海里越来越强烈:提高装卸效率,创造集装箱装卸船世界纪录!

2003年4月27日,青岛港新码头灯火通明,许振超和他的工友们在"地中海阿莱西亚"轮上开始了向世界装卸纪录的冲刺。20:20,320米长的巨轮边,8台桥吊一字排开,几乎同时,船上8个集装箱被桥吊轻轻抓起放上拖车,大型拖车载着集装箱在码头上穿梭奔跑。安装在桥吊上的大钟,记录了这个激动人心的时刻。4月28日凌晨2:47,经过6小时27分钟的艰苦奋战,全船3 400个集装箱全部装卸完毕。许振超和他的工友们创下了每小时单机效率70.3自然箱和单船效率339自然箱的世界纪录。5个月后,他率领团队又把每小时单船339自然箱这个纪录提高到每小时381自然箱。

青岛港集装箱"10小时完船保班"这块品牌,让这项纪录擦得更加金光闪闪,"振超效率"扬名国际航运界!

而许振超总是谦虚地说:"装卸效率是集体协作的结晶,现代化大生产说到底最需要团队协作。仅凭我一个人,就是一身铁又能打几根钉。"几十年来,许振超创出了许多绝活儿,也带出了一支会干绝活又能创新的团队。现在,队里涌现出了许多像他一样的装卸专家,不少技术主管成功地主持了许多桥吊的电控改造,桥吊队维修班还改进了桥吊钢丝绳更换方式,大大缩短了换钢丝的时间——这个时间又为全国沿海港口最短。

更令许振超和他的桥吊队振奋的是,"振超效率"产生了巨大的名牌效应,青岛港在世界航运市场的知名度越来越高。一年来,海内外,世界许多知名航运公司,主动寻求与青岛港合作,纷纷上航线、增航班、加箱量,仅短短8个月时间,青岛港就净增了13条国际航线,实现了全球通。2003年完成集装箱吞吐量420万标准箱,实现了24.3%的高速增长。

在热火朝天、一派繁忙的青岛港码头采访许振超时,这位朴实的"老码头"指着海上熙来攘往的货船,说了一句很朴素的话:"货走得快,走得好,咱心里就踏实。"

(选自 2004 年 4 月 12 日《人民日报》,作者:李丽辉、宋学春)

拓展活动

一、谈一谈

徐振超说:"希望通过分享我个人成长的经历和感悟,鼓励年轻人尊重劳动、热爱劳动,传承弘扬工匠精神,成为有担当能力的技术工人。"你从文章学到了什么?谈谈你的启示。

二、想一想

劳动模范是时代精神的坐标,不同时代的劳动英模突出体现不同时代的精神特质。请结合本文内容和自己所了解的劳动英模人物事迹,想一想徐振超作为新时代产业工人的楷模,与老一辈模范相比,"新"在什么地方?其原因是什么?

20

"大国工匠"彭祥华

【阅读提示】

一个普通的爆破工人,两代铁路人的坚守、传承,虽平凡却伟大,虽普通却卓越。他们挑战复杂地质,以精准的技能诠释工匠的内涵;无惧冒水塌方,以超人的胆魄演绎工匠的担当。《大国工匠》总撰稿崔文华用昂扬的笔调,饱含深情地歌颂了彭祥华身上蕴含的精神与品质,让我们在简短的故事里品味匠心、汲取力量,让我们体会什么是精益求精,什么是追求完美,什么是责任与担当。

解说词往往与画面、文字等共同构成一个整体,以叙为主、述评结合,重情景渲染、人物刻画,语言具有形象感、现场感。阅读时,要品读语言,关注细节,准确领会文章主旨。

川藏铁路属于国家"十三五"规划的重点项目,铺设难度创造了新的世界之最:仅一条雅鲁藏布江,就要被这条铁路横渡 16 次;它更是世界上平均海拔最高的铁路,总长 1 800 多千米的路基,累计爬坡高度超过 14 000 米,台阶式八起八伏,被外媒称为"巨大的过山车"。

2015 年 6 月,川藏铁路的拉萨至林芝段全面开工,中铁二局二公司隧道爆破高级技师彭祥华和工友们现在开凿的是拉林段地质最复杂的东嘎山隧道。川藏铁路的地质基础是印度板块和欧亚板块的碰撞缝合带,属于地震多

发区，在这样的地质构造带上挖隧道，几乎等于在掏"潘多拉的盒子"。

隧道开掘的第一步，是清除洞口外侧山坡上那些不牢靠的石头。它们稍受震动就有可能滑落，不仅对工程作业会带来巨大威胁，甚至会殃及洞口下方的雅鲁藏布江水，给西藏脆弱的生态环境造成破坏，因此洞口排险清爆要胆大心细。

彭祥华像往常一样，在悬崖峭壁上寻找着最佳安装地点，徒手安装炸药。

彭祥华的父亲是中华人民共和国第一代铁路工人，参加过20世纪50年代开工的成昆铁路建设，那是20世纪的世界铁路建设奇迹。

【同期声】

彭祥华：我父亲修成昆铁路的时候，爆破技术也没那么先进，1 000米基本上要死一个人。贺龙司令还送了一面锦旗，就是"开路先锋"。

现在，儿子来续写新的世界铁路建设奇迹，也传承着父辈的胆魄和技能。

【同期声】

彭祥华：放炮了……

同事：起爆！（爆破声，烟尘）

彭祥华所在的中铁二局二公司，拥有出色的隧道爆破团队，承担过很多重大隧道的施工任务。彭祥华是这个团队的翘楚，被同事们公认为爆破王。

东嘎山隧道的山体属炭质千枚岩和石英粉砂岩构造，这两种岩体遇水就会膨胀软化，在这样的山体里实施爆破，特别需要深入缜密的超前地质预报。

【同期声】

彭祥华：就跟医生看病的超声波一样，哪些地方有水，哪些地方有断裂隙，都看得到嘛！相当于给人打B超那个样子。

依据山体"B超"的资料，彭祥华就可以制订精准爆破的方案了。

决定精准爆破效果的关键因素之一是装药量，为此，彭祥华一直都是自己分装炸药。凭借多年分装炸药的经验，彭祥华能够把装填药量的误差控制得远远小于规定的最小误差。

【同期声】

彭祥华：装 250 克，装 150 克，那个都是很精确的。不精确的后果就是放炮过后超挖、欠挖，掌子面（爆破面）一点也不理想、不光滑。

彭祥华（测量）：深度 2 米 8，高度 44（厘米）

彭祥华（核对数据）：肯定不够，加 1 节（雷管）。

同事：好，加 1 节。

隧道内爆破面上通常有几十个炮孔，每个炮孔中的引爆雷管都要按照设计顺序爆炸，不同炮孔之间的起爆时差，在 10～100 毫秒间，还不到一眨眼的工夫。

【同期声】

彭祥华：装 4 节半。

每个炮孔的相对位置、精准装药量、引爆时间等因素，必须作为相互密切关联的系统来考虑，让它们以最佳效果相互作用，以求得严格控制下的合适的爆破力度。

【同期声】

彭祥华：加 1 节。

那些在外人看来狂烈的爆破，在彭祥华的耳中是旋律清晰有序的弹奏。

彭祥华和同事们可以保证自己不会出现误差，但是，大地心中的秘密总有人类猜不透的地方。彭祥华和工人们最担心的问题还是出现了：青藏高原充沛的山体内蓄水，在爆破之后大量地涌流出来。这是隧道爆破最怕遇到的情况，一旦水势过大，泡软岩体，很可能就会出现塌方，这将导致已经完成的隧道爆破工作量完全报废，影响到整个线路的工期。

设计院、监理、业主、施工单位紧急召开了多方研讨会。

【同期声】

施工管理方：典型的基岩裂隙水。

同事：能堵我们先把这个水堵上。

彭祥华：我的建议是可以再爆一炮。

讨论最终有了结果，大家认为彭祥华提出的建议是最为便捷合理的，也是最佳解决方案。

彭祥华这个方案最主要的实施条件是必须由彭祥华自己来完成，最细微处都要他亲手操作。但这个时候大面积岩层已经浸湿软化，隧道爆破面上围岩部分非常差，隧道崩塌很可能会在操作过程当中发生，而那样的话，彭祥华是没有机会走出隧道的。

【同期声】

彭祥华：老一辈——我刚才说了，我父亲也是经常给我们提：一个环节不能错，环环相连，一旦出了差错的话，后果不堪设想。

彭祥华没有让其他工人一起来装炸药、插雷管，一切都是他独自操作。这一次，他必须要更加精准爆破。

巨大的爆破声冲破隧道，浓烟冒出洞口。随后最危险的工作就是走入爆破现场，检查效果和排除可能存在的哑炮。彭祥华还是阻止其他工友近前，独自一人走进了隧道。这就是工匠的担当：如山崖伫立，如长松挺身。

【同期声】

彭祥华：我们不冲就没人去冲，他们也怕，也不敢去冲到前面去看，只有我们爆破工才能冲到前面。

烟雾中，一束强光闪动，这是圆满完成的信号。大家不记得彭祥华曾经让工友们失望过。

【同期声】

彭祥华：爆破工的工作就是排除危险，冲在最前面，开路先锋中的先锋。

…………

工匠的工作貌似平常无奇，但是这些工作中都积淀着经年累月淬炼而成的高超技艺，承担着身家性命和社会民生的重大责任，包含着常人不易承受的坚忍辛劳,甚至还会面临耗体殒身的危险。事实上,相当多的工匠岗位,是以一身犯险而保大业安全,以一人之力而系万民康乐。

(节选自中央电视台系列纪录片《大国工匠》解说词,有改动)

拓展活动

一、谈一谈

你还知道哪些大国工匠,谈一谈他们最打动你的精神是什么?

二、说一说

文章写的是普通爆破工人的事迹,体现的却是工匠群体的伟大精神。观看系列纪录片《大国工匠》,思考工匠精神的内涵,你认为他们被称为"大国工匠"除了技艺的精湛,还具有哪些优秀的品质?你从他们的身上获得了哪些启迪?

综合实践活动
——培养工匠精神 争做工匠型人才

【活动目的与任务】

活动旨在通过学习、交流、讨论、实践，培养精益求精、专心专注的精神，引导学生积极努力地筑梦、追梦、圆梦，追求卓越人生，树立"培育工匠精神，增品种、提品质、创品牌"的匠心理念，厚植工匠文化，恪守职业道德，崇尚精益求精，为推进中国制造的"品质革命"提供源源不断的动力。

【活动导入】

当前，我国正处在从工业大国向工业强国迈进的关键时期，培育和弘扬严谨认真、精益求精、追求完美的工匠精神，对于建设制造强国具有重要意义。而只有对新时代"工匠精神"的基本内涵形成共识，才能树匠心、育匠人，为推进中国制造的"品质革命"提供源源不断的动力。

【活动内容】

（1）淬炼心性，读本好书。阅读弘扬工匠精神的书籍。了解踏实精进的工匠之心，不为名利、只为追求品质的工匠之情，精益求精、打造品质的工匠之技，敢于挑战、百折不回的工匠之志等重点内容。

（2）咫尺匠心，观看节目。观看工匠精神的电视节目和网络视频。通过节目让工匠精神在学生中形成一种共识，感受中国制造的独特魅力，使其成为树工匠精神的内在支撑。

（3）雕琢匠心，技能比武。在学好理论、明白事理的基础上，组织学生从基本技能练起，集中强化培训，不断掀起全员练兵比武的热潮，营造"比、学、赶、帮、超"的竞赛氛围。

（4）初心方寸，培育先进。大力开展争先创优活动，培育和树立立足专业使长劲、下苦功，具备"燕子垒窝般恒劲、老牛爬坡般拼劲"的先进工匠典型。

【活动流程】

1. 宣传发动

围绕"培养工匠精神 争做工匠型人才"活动主题，充分利用电子大屏、校园广播、橱窗、布告栏等形式，大力弘扬工匠精神，积极营造"树匠心、育匠人"的浓厚氛围，掀起人人参与的热情。

2. 学习教育

组织学生阅读《匠人精神》《精益制造028：工匠精神》等弘扬工匠精神书籍。观看《大国工匠》《工匠精神》和《挑战不可能》等电视节目和网络视频。

3. 交流讨论

在现代学徒制下培育工匠精神，强化工匠精神的渗透，在理论学习的基础上，进行"'工匠精神'的内涵、如何成为'工匠型人才'"的交流讨论。撰写观后感和读书笔记，举办征文比赛等。

4. 技能比武

开展技能比武竞赛，给学生提供展示自我、切磋技艺的平台，激发学生学技术、练技能的热情。

5. 总结展示

对活动表现优异的小组和个人进行表彰，对优秀作品进行展示。

模块五 鲁南地域文化

一方水土，一方文化。泱泱大华夏，漫漫数千载，中华文化光辉灿烂，地域文化异彩纷呈。鲁南地区，地域文化历史悠久，源远流长，博大精深，默默地滋养着居于齐鲁大地南端的一方人民。

　　教学内容按地域的划分选取了展现鲁南地域文化的作品，行走在鲁南文化里，让我们在历史的典籍中追寻先贤的足迹，寻找古郯大地最初的启蒙；跟随诗人的脚步，用心中最强的音符为这蒙山沂水歌唱；齐韵浩荡，锦水汤汤，在济水河畔、运河之边、孔孟故里了解历史渊源，感受美景，歆羡物华天宝、人杰地灵；岁月流转，故乡成了最熟悉的陌生人，但印在我们血液里的印记，却永远抹不去，让我们再次领略菏泽的花美、人美、乡音美；日出东方初先照，黄海岸边魅力城，让我们跟随作者的脚步感受日照这座城市的魅力，感受那千年而来的风吹向山高水长的远方。

　　活动实践内容为"孝行华夏 美德郯城"，通过此项活动落实思政教育进课堂，打造校园文化建设，构建浸润式文化育人环境，引导学生"扣好人生的第一粒扣子"。

　　源远方可流长，根深才能叶茂。凝思养育我们的热土，感受培育我们的文化，让我们用心采撷，细细品味，一起浸润在鲁南文化的馨香里。

21

郯子故事两则

【阅读提示】

"霜风欲沉风力劲，断鸿声里过郯城。"郯子，己姓，郯国郯城（今山东郯城）人，少昊的后裔，春秋时期郯国君主。郯子治国讲道德、施恩义、恩威有加，百姓心悦诚服，使郯地文化发达，民风淳朴，一些典章制度都保留下来，对后世的影响十分深远。"居郯子故墉纵千载犹沾帝德，近圣人倾盖虽万载如坐春风"，追本溯源，源远流长。课文选取的两则故事，体现了郯子非凡的才华和深厚的仁孝之心，阅读时应用心体会。

（一）

秋，郯子[1]来朝，公与之宴。昭子[2]问焉，曰："少皞氏鸟名官[3]，何故也？"郯子曰："吾祖也，我知之。昔者黄帝氏以云纪[4]，故为云师而云名[5]；炎帝氏以火纪，故为火师而火名；共工氏[6]以水纪，故为水师而水名；大皞氏[7]以龙纪，故为龙师而龙名。我高祖少皞挚之立也，凤鸟适至，故纪于鸟，为鸟师而鸟名：凤鸟氏，历正也[8]；玄鸟氏，司分者也[9]；伯赵氏[10]，司至者也；青鸟氏[11]，司启者也；丹鸟氏，司闭者也。祝鸠氏[12]，司徒也；䲢鸠氏[13]，司马也；鸤鸠氏[14]，司空也；爽鸠氏[15]，司寇也；鹘鸠氏[16]，司事也。五鸠，鸠民者也。五雉为五工正，利器用、正度量，夷民者也。九扈[17]为九农正，扈民无淫者也。自颛顼以来，不能纪远，乃纪于近[18]。为民师而命以民事[19]，则不能故也。"

仲尼闻之，见于郯子而学之。既而告人曰："吾闻之，'天子失官，官学在四夷'，犹信[20]。"

（选自《左传·昭公十七年》）

【词句注释】

(1) 郯（tán）子：郯国君主。

(2) 昭子：叔孙婼（chuò）。

(3) 少皞（hào）氏鸟名官：少皞氏以鸟来作为官名。

(4) 昔者黄帝氏以云纪：根据应劭的记载，黄帝受命有云瑞之说，所以以云纪事。

(5) 故为云师而云名：各个部门的官员都会以云来命。

(6) 共工氏：在神农之前，大皞之后，以诸侯称霸九州。共工以水命名官名。春官为东水，夏官为南水，秋官为西水，冬官为北水。

(7) 大皞氏：伏羲氏，风姓的祖先，以龙命名官名，春官是青龙氏，夏官为赤龙氏，秋官为白龙氏，冬官为黑龙氏。

(8) 凤鸟氏，历正也：凤鸟知天时，所以用其命名历正之官。

(9) 玄鸟氏，司分者也：玄鸟就是燕子，燕子春来冬去，所以用它来命名司分之官。

(10) 伯赵氏：伯赵就是伯劳。

(11) 青鸟氏：青鸟，名为黄莺。

(12) 祝鸠（jiū）氏：祝鸠就是鹁鸪（bógū）。

(13) 鴡鸠氏：主军法。鴡鸠，又名王鴡。

(14) 鸤（shī）鸠氏：讲究平均。

(15) 鹪鸠氏：鸠鹪，为鹰，性情凶猛。

(16) 鹘（gǔ）鸠氏：鹘鸠，即为鸠，春来冬去，主要掌管农事。

(17) 九扈：扈鸟有九种。

(18) 自颛顼（zhuān xū）以来，不能纪远，乃纪于近：从颛顼开始，就不用远物命名官名了，而是只能使用近物来命名官职。

(19) 为民师而命以民事：颛顼的官名又南正、火正等，不再使用祥瑞当作官名。

(20) 信：真。

（二）郯子鹿乳（二十四孝——第六则）

郯子亲老，双目皆瞽。入鹿群中，为取鹿乳。

周⁽¹⁾郯子、鲁人，史佚其名，天性至⁽²⁾孝。父母年老，俱患⁽³⁾双目，思食鹿乳而不得。郯子顺承亲意，乃衣⁽⁴⁾鹿皮，去之深山中，入鹿群之内，取鹿乳以供亲。猎者⁽⁵⁾见而欲射之，郯子具⁽⁶⁾以情告，乃⁽⁷⁾得免。

王应照曰：孝子事亲，必养其心志，而不徒养其口体。鹿乳异味，因老人偶然思食，蒙皮入山，本一片诚孝之心，发为机智，得乳归奉，父母之心顺，孝子之心安矣。李文耕谓为反哺至情，不亦然乎？

(选自郭居业《全相二十四孝诗选集》)

【词句注释】

(1) 周：周朝。

(2) 至：极至。

(3) 患：患有疾病。

(4) 衣：穿。

(5) 猎者：猎人。

(6) 具：，通"俱"，都。

(7) 乃：于是，就。

一、读一读

反复诵读两则短文,用自己的话讲述郯子的故事,谈谈你对郯子这个人物的理解,说说他对你的启示。

二、做一做

你知道还有哪些郯子的遗迹和郯子的故事,请仔细搜寻做一个整理,做一期相关内容的黑板报。

三、演一演

发挥联想和想象,把文段中的故事进行恰当的改编,设计简单的场景和道具,进行课本剧表演。表演中要特别注意人物的语言、动作和神情等细节,展示出人物的性格特点。

22

临沂赋

【阅读提示】：

"蒙山日照千峰秀，沂水连云万壑灵。"赋是内心情感的自然流淌，是因情而发的动人旋律，是情感至朴直白的表达。这篇赋，给人感受最深刻的就是情深意切、情思悠远，这也是沂蒙人重情重义的深切表达。

这篇赋表达了赤子对母亲的爱、游子对故乡的爱、人民对祖国的爱，是对海岱之间悠久历史文化的赞美，是对蒙山沂水秀美山河的吟唱，是对沂蒙人民无私奉献的歌颂，是对沂蒙新变化、新成就和美好未来的祝福。阅读时，要在充分朗读的基础上，体会作者深沉的情怀，并注意品味语言的美感。

临沂即古之启阳，因濒临沂水而名之。族继伏羲东夷，地乃海岱腹心，城若龟驮凤凰。历来南船北马之咽喉，为兵防綦重。

沂源其势左环渺渺黄海，右拥鲁之国都，北枕齐之长城，南襟楚之水地。融吴越之文化，得燕赵之精华。仁浸乡风，爱润民情，民风淳朴，崇文尚武。商工咸至，舟车通崮。纳三山之惠风，汲六河之膏泽，聚物华之精灵，孕灿然之伟器：宗圣曾参①，名将蒙恬②，算圣刘洪③，更有书圣王羲之、亚圣颜真卿，民族英雄左宝贵，英华繁如星斗。成语典藏先贤之厚德：问官倾盖④，文心雕龙，凿壁偷光，卧冰求鲤。乡音传说民间之风情：东海妇泪飞六月雪，苍天动容；孟姜女哭倾长城关，大爱悲歌笔及千年，文播万古。出土汉墓竹简，释兵学千年之争执；考古北寨画像，启奥运吉祥之福娃。遥领人文纪盛，增辉人类文明。

雄哉！近代百年，风雨如磐；天灾人祸，生灵涂炭。王尽美热血肝胆，峥嵘岁月，播火燎原。战工会华东首府⑤，三帅挥戈⑥，儿女浴血。大青山突围，孟良崮大捷。大战迭起，胜在民心！母送儿，妻送郎，最后一子，送战场！一口饭，做军粮，一块布，做军装！独轮车铁流滚滚，担架队浩浩荡荡。沂蒙六姐妹⑦，日烙煎饼八百斤，月做军鞋逾千双。红色沂蒙，日月可鉴。

壮哉！今我临沂，捐祖坟之碑，献老屋之檩，而为英烈修陵建园。重整家园，自力更生，铁骨铮铮；战天斗地，劈山夺路，填涧造田。高峡出平湖，飞瀑泻白练。沂沭东调，锁惊涛裂岸，有碧波凝玉。茶稻北移，靠创新发展，有梯田叠翠。穷乡变换仙苑画舫，僻壤正舞彩练霓裳。沂蒙精神，光荣绽放；农业经典，领袖欣然：愚公移山，改造中国，厉家寨是个好例。

改革开放，百业欣兴。千万沂蒙儿女，谋献以殚精竭虑，躬行以自强不息。基础教育，全国领先。神峰积雪，茶女采玉，车送蒜菜流八方；泥沱月色，渔人晚唱，水映稻花千重浪。万亩梨花掩新村，十里银杏第一乡。水作琴中听，城当画里看。交通网络，编织立体。柳编刺绣靓四海，才俊务工达三江。率先整体脱贫，四海流布美誉：著名老区之首富，红色旅游之翘楚。

伟哉！坚持科学发展，确立"四市"战略⑧。大目标，精心规划：西扩北进，地宽天阔。大胸怀，倾心建设：盛举为民，嘉惠千秋。改造危房陋巷，治理生态环保，幅幅花园绿地，幢幢琼楼玉宇。广场风华绰约，街面瑰姿艳逸。观瞻旺铺，琳琅富丽，筑巢引凤，弄潮腾龙，煌煌乎物流航母。金锣金源金大地，银雀银座银大都。往昔华东主战场，今朝华夏商战地。新政策谋，强力崛起。"两岸开发"，大气磅礴。兰山极商都之国际，罗庄利瓷城之生机，河东靓外滩之明珠，北城尽蜃楼之仙境。高新区鼎立科研，蓬勃发展。经济区引以跨越，辉煌可期。

圣哉！上苍钟临沂之毓秀，孔子登东山⑨而小鲁；李杜赏秋水共被眠⑩，康熙观妙景御诗篇。雾光祥云，天佛奇观。岱崮地貌，神奇梦幻。地下峡谷，画廊天然。园林奇石，纯美自然。岩雕寿星，高耸云间。指动石颤，天下美谈。常林钻石，璀璨罕见。天宇博物，震世惊憾。洗砚池翰墨香凝，五贤祠乾隆诗论，宝泉寺钟鼓禅宗，书院街儒风雅集。天宝灵光，圣水映象。

秀水绕门蓝作带，雀山可户翠当屏。道道虹霓，叠叠瑶池，梯次碧波，霞彩飘逸。

美哉！滨河水城。美轮美奂，多姿多彩。沂河绕城如凝固之诗，园林萦市似彩绘之画，物流商城如交响之歌。大水浸湖之韵，大绿染林之魂，大商惠人之情。如梦如幻如天堂，宜居宜游宜康寿。天开图画成乐土，人住沂蒙似列仙。

（选自琅琊新闻网，作者：高明）

【词句注释】

①曾参（公元前505—前436年）：字子舆，孔子七十二弟子之一，门人尊称为曾子。春秋末期鲁国南武城（今山东平邑）人，以修身和孝行著称，著述颇多，被尊称为"宗圣"。

②蒙恬（？—前210年）：秦代名将，祖籍齐国（今临沂市蒙阴县）人。传说他曾改良过毛笔。

③刘洪（约130—196年）：字元卓，东汉泰山郡蒙阴（今临沂市蒙阴县）人，是我国古代杰出的天文学家和数学家。

④问官倾盖：鲁哀公二十七年，郯子朝鲁，鲁国君臣深为郯子知晓少昊帝为何以鸟名命官而叹服，是为"问官"。后来孔子闻之，慕名到郯国（今临沂市郯城县）拜访郯子，两人倾心交谈，以至于乘坐的车盖都倾斜了而未觉察到，是为"倾盖"。

⑤战工会：1940年7月，山东省统一的行政权力机关——山东战时工作推行委员会（简称"战工会"）在沂南县青驼寺成立。

⑥三帅挥戈：指罗荣桓、徐向前、陈毅三位元帅先后在沂蒙革命根据地指挥作战，创立丰功伟绩。

⑦六姐妹：是革命战争年代在沂蒙老区涌现出的一个女英模群体，被称为"沂蒙六姐妹"，分别是：张玉梅、伊廷珍、伊淑英、姬贞兰、杨桂英、公方莲（后两位已病故）。

⑧"四市"战略：在2007年3月召开的中共临沂市第十一次代表会上，确立了"打造与人口大市相匹配的经济大市，打造物流天下的商贸强市，打造古今文化相辉映

的文化名市,打造滨水生态环境优越的宜居城市"的城市发展战略。

⑨东山:即蒙山,是泰山山脉的分支,绵亘于临沂市境内,海拔1156米,素称"岱宗之亚",为山东第二高峰。

⑩李杜赏秋水共被眠:唐代大诗人李白、杜甫曾结伴游蒙山,曾共同写下"醉眠秋共被,携手日同行"的佳句。

拓展活动

一、写一写

选文的语言凝练隽永,读来朗朗上口,富有韵味。你最喜欢哪一部分呢?请你选取其中的段落或语句扩写成一段500字的短文。

二、做一做

《临沂赋》里蕴含了丰富的历史知识,涉及众多文化名人,你都了解吗?请查资料整理一下,以小组为单位按年代顺序做一个沂蒙名人展,比一比,看看哪个小组做得最好。

23

济宁，大河文化孕育的生命

【阅读提示】

"太白楼方下，重寻浣笔泉。"古城济宁，依泰山之雄伟，携运河之悠远，临水泊梁山之地，踞孔孟礼仪之邦，历史悠久，名人荟萃。本文从济水运河这一视角，描绘了济宁这座古城的岁月变迁，深情地咏唱了济宁所蕴含的文化烙印。文章援引丰富，内容丰厚，阅读时注意体会，感受其厚重的文化气息。

大地上的生机，无不是造化之功。一切优雅之所在，灵秀之美景，也都是神之所赐，众生之福。

济宁，以济水命名，因运河而兴。大江大河之畔孕育了淳朴的乡人，勇敢的民族，高雅的风尚以及浓郁厚重的文化气息。

发源于黄河以南，王屋太乙大象之地（传说大禹治水，置九鼎，设九州，济水发源地河南位于九州中心之豫州。《说文解字》载："豫，象之大者。"豫就是大象），济水自诞生之初即有蕴藏天下之魄、俯视众生之势。《周易》道："刚应而志行，顺以动。"济水以其刚勇携风雷入大海，以其柔情润泽两岸，福泽四方。

济水在古代地位显赫。开创专书训诂之先河、被称作"中国第一辞书"的《尔雅》，将长江、黄河、淮河、济水四条独流入海的河流并称"四渎"。古代皇帝祭祀名山大川，即是祭祀五岳四渎。

有关济水流向，《禹贡》中这样记载："导水东流为济，入于河，溢为荥，东出于陶邱北，又东至于菏，又东北会于汶，又北东入于海。"济水于山川谷地三隐三现，越黄河而不浑，以一颗清明之心，百折入海，以平常之姿潇洒穿梭在高山平原，孕育了河岸济宁人中正平和的生活方式。

"地势高亢,关津险阻,可保安宁",济宁任城是济水宁静安宁之地,河面宽阔,地势平坦,孕育了济宁几代人生生不息的精神与力量。古人把独流入海且有独立源头的大河称为"渎"。唐太宗李世民曾问大臣许敬宗道:"天下洪流巨谷不载祀典,济水甚细而尊四渎,何也?"许敬宗答:"渎之为言独也,不因余水独能赴海也。济潜流屡绝,状虽微细,独而尊也。"济水虽然细微,却能独流入海,济水这种不达于海誓不罢休的顽强精神,正是它始终位列四渎的原因。受济水灌溉养育的济宁,虽无大险大恶之地理,没有磅礴奔腾之气势,然而始终以中庸和谐的心态于万里疆土上,于几世沧桑轮回间顽强生存,体现了济宁人无为的生存哲学。济水哺育下的济宁诞生了儒学、墨学、道学等辉煌千载的思想,这些闪光的思想自远古而来,必将流传后世。

　　京杭大运河是世界上最古老的运河之一,是世界上工程最大、里程最长的古运河。运河的开凿,对沿岸及整个中国南北地区的经济、文化的交流与发展起到了重要作用,济宁就因运河而兴。运河始开凿于春秋时期,当时吴国为伐齐开凿河道,到了隋朝中期,相传隋炀帝杨广为赏琼花扩建运河,贯通洛阳到涿郡的水路交通,元朝定都北京,又弃洛阳,改运河河道直至北京。

　　直到宋朝时期,经济中心南移,由于方便大宗商品长途运输,漕运受到了空前的重视,济宁因此得力,空前繁荣。济宁位于运河中段,京杭大运河流经梁山、汶上、嘉祥、任城、鱼台、微山等地区。由于地处运道之中,济宁成为水路交互、南北冲要的城市,并借此成为鲁西南地区经济、政治的中心。明代中叶,济宁已经发展成为一个"车马临四达之衢,商贾集五都之市"的极度繁荣的商业城市。

　　中华人民共和国成立以来,运河济宁段经过多年修整,如今已成为集航运、赈灾、调水、旅游等于一体的综合性运河,并产生了巨大的经济、政治、社会效益,而运河贯通的济宁也得到了巨大的发展。

　　时至今日,这条"三分朝天子,七分下江南"的古老的运河,在济宁这片热土上继续散发着生机。这是一笔遗产,我们自祖先处继承、发展,也将传承后世。济宁,这个大河孕育的文明,在新时代展现出更青春健康的心跳,而在济宁生活的人们,也一代一代地袭承着大江大河遗留下来的精神、力量与智慧,继续着大河文明下勤劳、朴实、中庸的生活方式,在新的时代创造更新的价值。济宁,这大河文明孕育的生命,正在以更热烈的方式拥抱这个时代。

(选自"齐鲁壹点"网站,作者:李俊儒)

拓展活动

一、辩一辩

这是一篇文质兼美的散文,深度阐述了济宁文化。现在将本文收入一本散文集,文集中有"济宁揽胜"和"文明探源"这两个栏目,你认为应该把本文放在哪个栏目中?请根据本文内容,说说你的理由,并在班级举行一场辩论赛。

二、写一写

济水河畔、运河旁边,时空跨度大,沿线遗产众多、种类丰富,不同时期、不同形态的遗产资源叠加交错,一直以来,济宁人对文化保护做出了不懈努力。那么如何对济宁多元文化价值体系进行更深度的阐发,与儒家文化、泰山文化进行更紧密的联系,更进一步做好文化引领,作为新时代中职生的你们,有什么样的建议和做法?以小组为单位,进行深度调研和考察,写一篇调查报告吧。

24

菏 泽 美

【阅读提示】

"至今禹贡名字存,气势仍容菏泽傍。"这里是名甲天下的牡丹之都,这里是黄河入鲁的第一站,这里是戏曲、书画、武术之乡,这里是水浒故事的发源地,这里是全国非遗大城……这里是底蕴厚重的千年古城,伏羲桑梓,尧舜故里,这就是菏泽!文章从牡丹、黄河、乡音等典型景物与特色的角度出发,深情讴歌了菏泽的美与厚重的历史文化,表达了对故乡的浓浓深情,阅读时注意把握。

走遍千山万水,还是家乡最美。

——题记

久居平原的人想要旅游的话,较好的体验一是爬山二是浴海,究其原因无外乎体验不一样的风情。

菏泽,是平原上的城市,举目望去给人一种一马平川的感觉,自然高山和大海对于市民的诱惑是很大的,想想这么些年自己旅游过的地方,常常为异地景观点赞,唯独忘了家乡还有那一份独特的美。

菏泽美,首先美在那一朵朵盛开的牡丹花上。每年四月,这个鲁西南的城市都会迎来大批怀有共同心愿的游客,千里迢迢而来只为一睹牡丹芳容。先前看牡丹的最佳场所是三个园子:曹州牡丹园、古今园和百花园。曹州牡丹园是国家级 4A 景点,一走进园门就会感觉到它的磅礴大气。全园根据主题分为若干和区域,比如牡丹观赏区、牡丹芍药科研展示区、湖山景观区、野趣水景区、世界国花园景区、四季牡丹景区、十二花神景区等,各展各的魅力,各有各的妙处。走进花海,仿佛每一朵花都记录着欢声笑语,再听着动人的传说故事，恍然觉得自己来到了仙境。牡丹园又不断加大升级改造力度，融入声光电技术，使得这个盛满牡丹的园子愈加的熠熠生辉。古今园和百花园面积稍微小些，属于精品园，小巧中蕴含着大气，各大色系牡丹争奇斗艳，不以数量取胜，而以品种占优，这里有号称"牡丹王"的最古老的牡丹活体植株，据说当年不止一棵，都被豪强掠走了。余存的这一棵是花农们千辛万苦保护下来的，如今已经作为牡丹在菏泽顽强生存的象征了，走近"牡丹王"似乎仍能从一枝一叶上感受到穿越时空的气息。近些年菏泽为了打造"中国牡丹之都"这张名片，除了在火车站广场、中华路、牡丹路增加牡丹元素外，又打造出中国牡丹园、尧舜牡丹园等兼顾观赏和实用价值的新型园区，这样立体开发就使得牡丹产业更为厚实，不仅增强了地方经济实力，更增添了牡丹"国色天香"的魅力。

菏泽美，还美在那条流淌几千年的黄河上。历史上黄河带给鲁西南的尽是眼泪，由于多次决口，淤平的不仅仅是一段段沧桑的历史，还有人们对于生活的期盼。如今随着国家不断加大对黄河的治理力度，这条河流开始变得温顺了。特别是当年黄河泛滥的地方如今已经变成国家级风景区了，游人们倘佯在花团锦簇、波光粼粼的美景里时，怎会想到这里就是当年浊浪排空一泻千里的地方呢？千百里的土地生长着最顽强的庄稼，就连黄河泛滥留下的坑塘也成了黄河鲤鱼的家。天南地北的游客在游赏牡丹之后，第一样点的菜便是糖醋鲤鱼，再加上牡丹糕点，美花加美食想不留下深刻印象都难。看一部介绍菏泽的风光片，当镜头里闪现高架在黄河上的公路大桥和铁路大桥时，我就在想，如果没有国家的富强稳定，就不会有"天堑变通途"的雄伟壮观，从这个层面上讲，这桥是连心的纽带，更是腾飞的彩翼。

菏泽美，更美在乡音乡情。也许是因为越来越多的

人走南闯北的缘故，不知从什么时候起，乡音开始杂乱起来，特别是过年这些天，打工的回来了话语里带着外地口音，外嫁的闺女回来了跟着外地口音的女婿……各种语音仿佛一个硕大的语言拼盘，直往人耳朵里灌。

　　记得听过这样一则笑话，说有一个从外地回来的本地人和乡邻打招呼时，一不小心说了一句"昨晚回来的！"立即受到了乡邻的讥讽："坐碗回来的啊？过两天是不是坐碟子回去？"……在家乡的方言里是把昨天称为"夜儿个"，昨晚就是"夜儿个赫上"，这些乡音方言作为本地人是不应该忘记的，无论你身在何方相隔多久，如果忘了就多少有些数典忘祖了。当然对于远方初来乍到的客人是不做要求的，"噗通"话尽管说，没人会说三道四，但是本地人绝对不行，因为乡音就是你畅行故乡的名片，丢了它，你的魂将无处安放。

　　乡音又是最有技术含量的防伪名片，单靠模仿是不够的，还要懂得一些方言用语的含义。纵然走到天涯海角，只要一听到熟悉的乡音，原本的陌生感马上消除了，可能当地人认为你的乡音特难听，但是老乡从来不这样想，反而会觉得在异乡听到乡音倍感亲切。

　　还是关注一下家乡的魅力吧，让秦王避暑洞消去你身上的酷热，让浮龙湖洗去你满身的征尘，让水浒好汉城敬一杯待客酒……只要你有心，只要你愿意，一定会在菏泽的热情里大醉不醒的。

（选自公众号"太阳雨文学"，作者：崔新志）

一、查一查

阅读全文,仔细体会作者通过典型景观与特色描绘的菏泽之美。除了作者描写的这些景观外,菏泽还有哪些独具特色的地方,你知道吗?借助网络资源和资料去查一查,并和同学们分享一下你的成果吧。

二、说一说

文章说,"乡音又是最有技术含量的防伪名片,单靠模仿是不够的,还要懂得一些方言用语的含义"。你生活的当地有哪些特殊的方言乡音呢?代表了怎样的特殊含义?有哪些文化韵味?去搜集整理一下,并在班内举行一次"乡音大赛"吧。

25 日　照

【阅读提示】

"日出东方照日照，钟灵毓秀领风骚。"日照是一座历史悠久的城市，因"日出初光先照"得名，既是中国远古太阳文化的起源地，又是世界五大太阳崇拜起源地之一。日照又是一座富有灵气、朝气、元气、文气的城市，文章从远古走到现代，从多个角度、多个层面展现了日照的独特之美，字里行间洋溢着对日照深沉的爱，阅读时注意体会。

古人说条条江河归大海，大海有那般宏阔的胸怀，在这样的胸怀里升起一轮红日，该是什么样的景象？

现在我正走向海。我知道有一个叫作日照的地方，日照的名字多么直白，又是多么神秘，日照香炉就会升起紫色的烟尘，日照大海会升起什么？我仰望着那个地方，我穿越齐鲁大地，走过孔子的曲阜，走过泰山沂蒙。

大海终于展现在我的眼前，它就像中原的千里沃野，麦浪滚滚翻涌，散发出浓郁的味道。白云似一群从远方跑来的绵羊,我听到了它们的喧嚷。很长很阔的沙滩,我小成了沧海一粟。

我还没有看到日出,但是我知晓了这里是"勿忘在莒"的古莒国,莒同齐鲁曾构成山东的三分天下。生活在这里的先民,也是人类最早的先祖。他们使用的工具,同黄河流域先祖使用的没有什么两样。我站在一个图形面前,那是一个日出的图形,先祖对于日出那么的崇尚,刻在生活的器皿上。那时他们就知道通过日出判断四时,将其用于农业和航海。《山海经》记载的羲和祭祀太阳的汤谷和十日国就在这里。我看到一个号角,那是陶做的,这里的黑陶是原始文化的瑰宝,我的祖先,曾面对苍茫的大海,吹亮了东方第一缕晨曦。

我见到了茂密的森林,只能在高山上才有的森林,却是出现在海边,那高大的杉木将氧离子泼洒得到处都是。我还见到了茶园,一片不是很高的墨绿,日照和海风使这里的茶尤为独特。我还看到一棵巨大的银杏树,我在一片雨中走进定林寺,那棵四千岁的苍然古树立时热烈地向我迎来。一群女孩子在树下避雨,我想到那个传说:一个书生看到这棵大树,搂了七搂还没有搂完,转过来一个少妇靠在树前,只好在她旁边又拃了八拃过去。这树围就成了"七搂八拃一媳妇"。过去了多少年,树围更粗了。有人想再搂一下,那就得将一群女孩也算入单位,有人笑说是"七搂八拃一群未来媳妇"。我站在它阔大的枝叶下,钟声訇然散落,抬头望的时候,竟然望到不远处刘勰读书处。那个独成一派的大理论家,就是在这里以他智聪的文心神雕艺术之龙的吗?

天晴无雨,我早早跑向海滩,清风振衣,潮水激荡。云蓝得出奇,云边渐渐透出了红光。海在这时出现了奇妙的现象,海顷刻间变成了一汪红色的颜料,那颜料越来越浓,越来越多,似乎是从日出的地方涌出。而后太阳微微地露了出来,露得不声不响,初开始它没有发出亮光,只是一轮滚圆的炫红,那么近,那么大,蹚水过去就能触摸着。我很少看到这么纯净这么圆润的太阳。正呆看着,它突然发出一股绚烂的光芒,我的周身立时感到了温暖。

海浪已似红鲤翻江。一眨眼，有些红鲤竟然跃动起来，而后变成了一双双羽翅，慢慢看清，那是一群兴奋的海鸥。

太阳还在上升，它已经变成金黄的车轮，隆隆轰响，烟尘迷漫，天地摇动。没有什么能阻止它的上升，它将天穹昂然顶起，让世界为之高明。我的血脉贲张，好像太阳升自我的胸间，整个大海涛涌连天。我想大声地喊：日月之行，若出其中；星汉灿烂，若出其里！时光变幻，生命轮回，秦皇汉武寻仙访道的踪迹早已不见，曹孟德豪情一腔越去千年，唯大海潮涌潮落，太阳常隐常新。

日出唤醒了热情。海上运动基地的帆影片片，切割着红色的光线。细沙滩上有人练排球，健美的身姿在腾跃。阳光更多地镀亮了捡海货的人，皮影样贴在海滩的玻璃上。

整个一座新城都亮了，像一艘豪华巨轮在起航。太阳照在那片树林的时候，树林里一片光怪陆离，叶子在光线里舞蹈。鸟儿叽喳，翅膀像闪电，这里闪一下，那里闪一下，等到它们飞到林子上面的时候，一下子都被渲染了，包括叽叽喳喳的叫声。我知道，太阳也照到了那棵银杏树，深沉的光芒撒播着一片静默。天台山上，古老的太阳节或在举行，香烟缭绕，鼓钹隆重，供台摆放新麦做成的太阳饼，万众叩拜太阳光耀大地，福泽民生。

站立大海之上，旭辉之间，古人在我的耳边发声："念我日照，虽偏居海隅，却享有琅琊之名，天台之胜，背依泰沂，怀抱东海，更兼仙山缥缈，河流纵横，自古为日神祭祀之地，黄老成仙之乡。"那声音伴大海涛涌，随红日东升，缭乱了我的思绪。

我真实地感受着日照，日照是一种光合作用，日照是一种置换反应，日照不仅是一个名词，还是一个动词或形容词。

我又想起了那个日照的刻画，海上日出，曙光先照。日照，那是一幅恢弘的意境，一幅东方大地的挂图。

(选自 2015 年 10 月 12 日《人民日报》，作者：瑜冰)

一、画一画

读了这篇文章,你是不是也被日照的美打动?拿起你的画笔,画一幅画,把你心中的日照画下来吧,并在班级内做一个"我心中的日照"画展。

二、拓一拓

文化的力量根植人心,才能焕发出历久弥新的生命力,推动中华优秀传统文化创造性地转化、创新性地发展。地域文化是中华文化中重要的组成部分,这一模块我们重点研读了鲁南地域文化,华夏大地还有很多的地域文化,展开你飞翔的翅膀,去撷取更多更美丽的地域文化之花吧。

综合实践活动
——孝行华夏　美德郯城

【活动目的与任务】

《孝经》里说"夫孝，德之本也。又，天之经也，民之行也。"孝，是中华民族的传统美德，古郯大地是中华孝文化的发源地，是全国闻名的"孝道之乡"，通过这一活动，启迪学生思考践行这一美德，并赋予新的时代内涵。

【活动导入】

郯城县原为东海郡，是全国闻名的"孝道之乡"，《二十四孝》中，"鹿乳奉亲"源于此，而东海孝妇更把"孝"的内涵扩展到婆媳之间甚至邻里之间，多少年来，孝妇周青赡养老人的贤孝美德、"纯孝而蒙不孝之诛"的悲剧故事被郯城人世代传颂。

【相关链接】

"孝子"刘景营

郯城县泉源乡郭庄村有一位朴实的农民刘景营,其父亲刘廷玉现年101岁,母亲94岁,刘景营无怨无悔地照顾双亲30载,在当地是出了名的"孝子"。

5年前,母亲发生了一次意外,腿骨折了,他为母亲洗衣服,喂饭,喂药,端屎端尿。有一次母亲不小心把便盆扣翻在地上,他没有半点怨言把它收拾干净,反过来还安慰老人,母亲人有时候粪便不畅,他强忍着脏臭帮老人用手抠。

为了方便照顾两位老人,他每晚睡觉都和父母同住。房间里,父母的床上,他每天都打扫得干干净净。夏天,他每天给两位老人洗澡,洗衣服;冬天给老人床上铺得厚厚实实的,睡觉前给老人被窝里放上热水捂。他从不怕老人脏,不嫌老人烦,耐心细致地照料着老人。无论刮风下雨,老人的吃饭时间不能误,绝不让老人饿着,他总是把可口的饭菜端给老人后,自己才去吃饭。

在他的悉心照料下,两位老人活得有滋有味,虽然都已经近100岁的高龄,卧在床上,但仍然精神矍铄,容光焕发。左邻右舍都说如果没有他的孝敬之心,两位老人活不到今天。

新"24孝"行动标准

1. 带着妻小常回家
2. 共与父母度节假
3. 生日宴会要举办
4. 亲给父母做做饭
5. 每周不忘打电话
6. 长供父母零钱花
7. 建立父母"关爱卡"

8. 聆听父母往事拉
9. 教会父母能上网
10. 常为父母拍照玩
11. 关爱父母说出口
12. 沟通父母心结扣
13. 支持父母之爱好
14. 赞成单亲再婚好
15. 定期父母做体检
16. 购买父母适保险
17. 新闻时事常交流
18. 带着父母参活动
19. 工作地方父母览
20. 陪伴旅行故地逛
21. 能和父母共锻炼
22. 父母活动也露脸
23. 陪着父母访老友
24. 提供书报老电影

【活动实施】

做一做，开展"知孝行孝"校园主题活动。

1．第一阶段，"感悟孝道"

讲述古代孝道故事，采访家乡孝子，搜集孝亲事例、算算亲情。

2．第二阶段，"让我们学会行孝"

新时代，我们该如何在家中对父母尽孝？在不同的场合，尊重师长，正确诠释当代"孝"的含义。

3．第三阶段，开展十佳小孝星评比活动

学校挂牌宣传，榜样示范，激发全体学生知孝，尽孝，争做新时代德技